Introducción: Un Viaje Espiritual Di

¡Bienvenido a este viaje espiritual c
para ser tu compañero a lo largo de todo un año, ofreciéndote
un espacio para reflexionar y conectarte con Dios de manera
profunda y significativa. Cada día, encontrarás un fragmento
bíblico cuidadosamente seleccionado, seguido de una explicación
humanizada que relaciona las enseñanzas de la Escritura con las
situaciones y desafíos de la vida moderna.

El propósito de este libro es brindarte una guía que no solo te
acerque a la Palabra de Dios, sino que también te inspire a
aplicar sus verdades en tu vida diaria. Vivimos en un mundo lleno
de ruido y distracciones, donde es fácil perder de vista lo que
realmente importa. Este libro busca ayudarte a encontrar
momentos de paz y claridad, recordándote la relevancia de las
enseñanzas bíblicas en cada aspecto de tu vida.

Cómo usar este libro:

Diariamente: Cada día del año incluye un versículo bíblico y una
reflexión. Te animo a que reserves un tiempo cada mañana o
cada noche para leer y meditar en la Escritura.

Reflexiona: Después de leer, considera las preguntas de
reflexión que te invitarán a profundizar en cómo aplicar el
mensaje a tu vida. Este es un espacio para que te conectes
contigo mismo y con Dios.

Ora: La oración diaria te ofrece una oportunidad para hablar con
Dios y abrir tu corazón a Su guía y sabiduría.

Actúa: Las acciones prácticas te invitan a llevar el mensaje a la acción, fomentando un cambio positivo en tu vida y en la de quienes te rodean.

Anota: Utiliza el espacio para anotaciones personales para registrar tus pensamientos, experiencias y cualquier revelación que Dios te dé a lo largo del camino.

Al final de este viaje, espero que no solo hayas aprendido más sobre la Palabra de Dios, sino que también hayas crecido en tu relación con Él y con los demás. ¡Prepárate para un año transformador, lleno de crecimiento espiritual y renovada conexión con Dios!

Enero Día 1: Salmos 23:1-2
"El Señor es mi pastor, nada me faltará. En lugares de verdes pastos me hace descansar; junto a aguas de reposo me conduce."

En un mundo lleno de estrés, agitación y ansiedad, este versículo nos recuerda la paz que Dios nos ofrece. Así como un pastor cuida de sus ovejas, Dios cuida de nuestras necesidades, guiándonos a momentos de descanso y tranquilidad. Un ejemplo contemporáneo se ve en las comunidades de apoyo, donde personas que enfrentan adversidades económicas o emocionales han encontrado refugio en la fe, como en los bancos de alimentos y organizaciones caritativas que brindan apoyo espiritual y material.

Oración diaria:
"Señor, confío en tu provisión. Guíame a lugares de paz en medio del caos, y ayúdame a descansar en tu presencia. Que tu cuidado sea mi consuelo hoy. Amén."

Pregunta de reflexión:
¿En qué áreas de tu vida necesitas confiar más en el cuidado de Dios?

Acción práctica:
Dedica unos minutos hoy para desconectarte de las preocupaciones y encontrar un espacio tranquilo donde puedas meditar y agradecer por las bendiciones de Dios.

Espacio para anotaciones personales:

Enero Día 2: Filipenses 4:13
"Todo lo puedo en Cristo que me fortalece."

Hoy en día enfrentamos desafíos constantes, desde problemas laborales hasta familiares. Este versículo nos recuerda que, con la fortaleza que Dios nos da, somos capaces de superar cualquier obstáculo. Un ejemplo actual es el de personas que, tras graves accidentes o enfermedades, han encontrado fuerza en su fe para recuperarse y seguir adelante. Casos como el de Nick Vujicic, que nació sin brazos ni piernas, inspiran a otros mostrando cómo la fe puede superar incluso las limitaciones más grandes.

Oración diaria:
"Dios, dame la fuerza para enfrentar mis desafíos. Sé mi guía en momentos de debilidad, y ayúdame a recordar que contigo, todo es posible. Amén."

Pregunta de reflexión:
¿Qué desafíos enfrentas hoy que podrías superar con la ayuda de Dios?

Acción práctica:
Identifica un obstáculo que te esté preocupando y ora específicamente para que Dios te dé la fortaleza y sabiduría para enfrentarlo.

Espacio para anotaciones personales:

Enero Día 3: Jeremías 29:11
"Porque yo sé los planes que tengo para vosotros, dice el Señor, planes de bienestar y no de mal, para daros un futuro y una esperanza."

En medio de la incertidumbre y la duda, este versículo nos recuerda que Dios tiene un plan para cada uno de nosotros. A pesar de los desafíos y contratiempos, su plan es siempre de esperanza. En la vida moderna, cuando enfrentamos dificultades como la pérdida de un empleo o crisis personales, podemos ver cómo muchos han encontrado en la fe un impulso para seguir adelante, confiando en que hay un propósito detrás de cada prueba. Un ejemplo reciente es el de empresarios que, tras fracasar en un proyecto, logran triunfar más adelante, confiando en que sus esfuerzos no fueron en vano.

Oración diaria:
"Señor, gracias por los planes que tienes para mí. Ayúdame a confiar en tu propósito, aun cuando no lo entienda por completo. Que siempre encuentre esperanza en tu promesa. Amén."

Pregunta de reflexión:
¿Hay áreas de tu vida donde sientes que los planes de Dios son difíciles de entender? ¿Cómo puedes confiar más en Él?

Acción práctica:
Tómate un momento hoy para orar por una situación que te cause incertidumbre, entregándosela completamente a Dios.

Espacio para anotaciones personales:

Enero Día 4: Mateo 6:34

"Así que no os preocupéis por el día de mañana, porque el día de mañana traerá su propio afán. Basta a cada día su propio mal."

En la era moderna, muchos vivimos con el peso de las preocupaciones sobre el futuro: problemas financieros, salud o incertidumbre en el trabajo. Jesús nos recuerda que debemos concentrarnos en el presente, confiando en que Dios proveerá para el mañana. Un ejemplo actual es el movimiento de "vivir en el presente", donde las personas practican mindfulness y agradecimiento diario, evitando el estrés de preocuparse por lo que aún no ha llegado.

Oración diaria:
"Dios, ayúdame a confiar en tu provisión para el futuro. Dame paz hoy y libérame de las preocupaciones que me roban la alegría del presente. Amén."

Pregunta de reflexión:
¿Qué preocupaciones sobre el futuro te están impidiendo disfrutar el presente?

Acción práctica:
Haz una lista de tres cosas por las que puedes estar agradecido hoy, sin pensar en lo que pueda suceder mañana.

Espacio para anotaciones personales:

Enero Día 5: Proverbios 3:5-6
"Confía en el Señor con todo tu corazón, y no te apoyes en tu propio entendimiento. Reconócelo en todos tus caminos, y él enderezará tus sendas."

Muchas veces creemos que tenemos todo bajo control, basándonos solo en nuestro propio conocimiento. Este versículo nos invita a confiar en la sabiduría de Dios y no solo en la nuestra. En el mundo actual, muchas personas que han intentado llevar una vida independiente de la fe, a menudo encuentran que cuando finalmente entregan sus planes a Dios, las cosas empiezan a alinearse de una manera que nunca imaginaron. Casos como el de emprendedores que, tras fracasos continuos, cambian de enfoque y encuentran éxito cuando deciden confiar más en una dirección espiritual.

Oración diaria:
"Señor, ayúdame a confiar en ti completamente. Dame sabiduría para reconocer que tus caminos son mejores que los míos, y guía mis pasos hoy. Amén."

Pregunta de reflexión:
¿Hay áreas de tu vida en las que te apoyas más en tus propias fuerzas que en la guía de Dios?

Acción práctica:
Piensa en una decisión o problema que estés enfrentando y entrégaselo a Dios en oración, pidiéndole que guíe tus pasos.

Espacio para anotaciones personales:

Enero Día 6: Romanos 8:28
"Sabemos que todas las cosas cooperan para bien de los que aman a Dios, de los que son llamados conforme a su propósito."

A veces, cuando las cosas no salen como esperamos, es difícil ver cómo podrían resultar en algo bueno. Sin embargo, este versículo nos asegura que Dios tiene un propósito detrás de cada situación. En la vida cotidiana, cuando enfrentamos fracasos o dificultades, es alentador ver ejemplos de personas que, tras vivir momentos difíciles, han salido fortalecidas. Un ejemplo actual podría ser el de deportistas que, tras lesiones graves, logran regresar más fuertes y con una nueva perspectiva de la vida.

Oración diaria:
"Dios, ayúdame a recordar que todo tiene un propósito en tu plan. Incluso cuando no entiendo por qué ocurren ciertas cosas, confío en que todo obrará para mi bien. Amén."

Pregunta de reflexión:
¿Cuál es una situación en tu vida que te cuesta entender cómo puede obrar para bien? ¿Cómo puedes entregar esta situación a Dios?

Acción práctica:
Haz una lista de las situaciones difíciles que estás atravesando y ora, pidiendo que Dios te dé la perspectiva de ver cómo estas experiencias pueden obrar para bien.

Espacio para anotaciones personales:

Enero Día 7: Isaías 41:10

"No temas, porque yo estoy contigo; no te desalientes, porque yo soy tu Dios. Te fortaleceré, ciertamente te ayudaré, sí, te sostendré con la diestra de mi justicia."

En momentos de miedo o incertidumbre, este versículo nos recuerda que no estamos solos. Dios promete estar con nosotros, darnos fortaleza y guiarnos. En la actualidad, muchas personas enfrentan miedos relacionados con su salud, el futuro económico o la seguridad de sus familias. Sin embargo, hay innumerables ejemplos de personas que encuentran paz y valentía al confiar en que Dios está con ellos, como aquellos que enfrentan diagnósticos médicos difíciles con una fe inquebrantable.

Oración diaria:
"Señor, en los momentos de miedo y duda, recuérdame que tú estás conmigo. Fortaléceme y guíame, porque confío en tu presencia constante. Amén."

Pregunta de reflexión:
¿Qué temores te están paralizando hoy? ¿Cómo puedes entregárselos a Dios?

Acción práctica:
Identifica un miedo que tengas y, durante el día, repite el versículo "No temas, porque yo estoy contigo" cada vez que sientas esa preocupación.

Espacio para anotaciones personales:

Enero Día 8: Juan 14:27
"La paz os dejo, mi paz os doy; yo no os la doy como el mundo la da. No se turbe vuestro corazón, ni tenga miedo."

La paz que Jesús nos ofrece es diferente a la que el mundo nos promete. No depende de las circunstancias externas, sino de una seguridad interior de que Dios está en control. Hoy, en un mundo lleno de ruido, conflicto y ansiedad, muchos buscan paz en lugares equivocados: en el éxito, en las redes sociales o en la aprobación de los demás. Sin embargo, la verdadera paz proviene de nuestra relación con Dios. Un ejemplo actual es el de personas que, aun en medio de grandes dificultades, encuentran una calma inquebrantable gracias a su fe.

Oración diaria:
"Señor, gracias por tu paz que sobrepasa todo entendimiento. Ayúdame a descansar en ella hoy, confiando en que tu paz es suficiente para calmar mis miedos y ansiedades. Amén."

Pregunta de reflexión:
¿Qué áreas de tu vida están llenas de inquietud? ¿Cómo puedes confiar más en la paz de Dios?

Acción práctica:
Dedica unos minutos hoy a la oración o la meditación en silencio, pidiendo a Dios que te llene con su paz, y desconéctate de cualquier fuente de estrés, como el trabajo o las redes sociales, por un rato.

Espacio para anotaciones personales:

Enero Día 9: Santiago 1:2-3
"Hermanos míos, tened por sumo gozo cuando os halléis en diversas pruebas, sabiendo que la prueba de vuestra fe produce paciencia."

Este versículo parece contradictorio a primera vista: ¿cómo podemos sentir gozo en medio de las pruebas? Sin embargo, Santiago nos recuerda que las dificultades fortalecen nuestra fe y nos ayudan a desarrollar paciencia y resistencia. En el mundo moderno, enfrentamos muchas pruebas: problemas financieros, conflictos familiares o estrés laboral. Un ejemplo actual es el de personas que enfrentan la adversidad con una mentalidad positiva, sabiendo que las pruebas de hoy pueden ser las lecciones de mañana. Muchos resilientes en tiempos de crisis global han encontrado crecimiento personal tras sus desafíos.

Oración diaria:
"Señor, ayúdame a ver mis pruebas como oportunidades para crecer en mi fe. Dame paciencia y fortaleza mientras enfrento los desafíos de hoy. Amén."

Pregunta de reflexión:
¿Cuál es una prueba que estás enfrentando ahora que podrías ver como una oportunidad para crecer?

Acción práctica:
Hoy, elige enfrentar un desafío o problema con una actitud de fe, sabiendo que Dios está usando esa situación para fortalecer tu carácter.

Espacio para anotaciones personales:

Enero Día 10: 1 Pedro 5:7
"Echad toda vuestra ansiedad sobre él, porque él tiene cuidado de vosotros."

En una época donde el estrés y la ansiedad parecen ser parte de la vida diaria, este versículo es un recordatorio poderoso de que no estamos diseñados para cargar nuestras preocupaciones solos. Dios nos invita a entregar nuestras ansiedades a Él porque se preocupa profundamente por cada detalle de nuestras vidas. En el mundo actual, muchos luchan con problemas de salud mental y emocional. Sin embargo, quienes encuentran consuelo en Dios, como muchos testimonios de personas que atraviesan situaciones difíciles, saben que no están solos en sus cargas.

Oración diaria:
"Padre celestial, hoy te entrego mis ansiedades y preocupaciones. Gracias por llevar mis cargas y por tu cuidado constante sobre mí. Ayúdame a confiar más en ti. Amén."

Pregunta de reflexión:
¿Qué ansiedad puedes entregar a Dios hoy, sabiendo que Él se preocupa por ti?

Acción práctica:
Haz una lista de las cosas que te causan ansiedad o preocupación y ora específicamente para entregárselas a Dios.

Espacio para anotaciones personales:

Enero Día 11: 2 Corintios 5:7
"Porque por fe andamos, no por vista."

A menudo, queremos ver todas las respuestas y soluciones antes de dar un paso adelante. Pero este versículo nos desafía a caminar por fe, confiando en que Dios tiene el control, aun cuando no podemos ver el camino completo. Hoy en día, en un mundo donde el conocimiento y la información están a un clic de distancia, es fácil querer respuestas inmediatas. Sin embargo, algunos de los avances más significativos en la vida y la ciencia han ocurrido porque personas decidieron avanzar sin ver todo el panorama, confiando en lo que no podían ver, como cuando los médicos descubren curas a través de fe y perseverancia.

Oración diaria:
"Señor, ayúdame a caminar por fe y no por lo que veo. Recuérdame que tu plan es más grande que lo que mis ojos pueden percibir. Confío en ti. Amén."

Pregunta de reflexión:
¿En qué áreas de tu vida estás luchando por ver el próximo paso y necesitas confiar más en la fe?

Acción práctica:
Da un paso hoy en fe, ya sea en una decisión, relación o proyecto, sabiendo que aunque no puedas ver todo el camino, Dios ya lo ha trazado.

Espacio para anotaciones personales:

Enero Día 12: Salmos 46:1
"Dios es nuestro refugio y fortaleza, nuestro pronto auxilio en las tribulaciones."

En tiempos de crisis, este versículo es un recordatorio de que Dios es nuestra fuente de fortaleza. En el mundo de hoy, cuando enfrentamos desastres naturales, enfermedades o conflictos personales, podemos acudir a Dios como nuestro refugio. Historias de personas que sobreviven a tragedias naturales o ataques terroristas nos muestran cómo, en medio del caos, la fe en Dios puede ser un ancla. Como ejemplo, después de huracanes o terremotos, vemos testimonios de fe y esperanza que renacen en medio de la devastación.

Oración diaria:
"Señor, gracias por ser mi refugio en tiempos de crisis. Ayúdame a buscar tu fortaleza y consuelo cuando enfrente dificultades. Confío en ti. Amén."

Pregunta de reflexión:
¿Qué situaciones de tu vida te están empujando hacia la fortaleza de Dios?

Acción práctica:
Hoy, busca refugio en Dios en lugar de preocuparte o tratar de resolver todo por tu cuenta. Ora por su fortaleza en una situación específica.

Espacio para anotaciones personales:

Enero Día 13: Gálatas 6:9
"No nos cansemos, pues, de hacer bien; porque a su tiempo segaremos, si no desmayamos."

En un mundo donde no siempre se ven los resultados inmediatos, este versículo nos anima a no desmayar en hacer el bien. A veces, los actos de bondad pueden parecer infructuosos, pero Dios promete que, en su tiempo, cosecharemos lo que hemos sembrado. En la vida diaria, esto puede parecer un desafío cuando ayudamos a otros y no vemos un cambio inmediato. Sin embargo, historias de voluntarios o activistas que luchan por años por una causa, solo para ver los frutos mucho después, son ejemplos claros de la perseverancia en hacer el bien.

Oración diaria:
"Dios, dame la fortaleza para seguir haciendo el bien, incluso cuando no veo los resultados. Ayúdame a confiar en que tu tiempo es perfecto. Amén."

Pregunta de reflexión:
¿En qué área de tu vida sientes que estás perdiendo la esperanza al hacer el bien? ¿Cómo puedes renovar tu fe en los frutos que vendrán?

Acción práctica:
Realiza hoy un acto de bondad, sin esperar reconocimiento o gratitud inmediata, confiando en que Dios lo ve todo.

Espacio para anotaciones personales:

Enero Día 14: Mateo 6:33
"Mas buscad primeramente el reino de Dios y su justicia, y todas estas cosas os serán añadidas."

En nuestra vida moderna, tendemos a priorizar nuestras preocupaciones diarias: el trabajo, las finanzas, la familia. Sin embargo, Jesús nos recuerda que al poner a Dios primero, todo lo demás tomará su lugar. Este principio aún resuena en los tiempos actuales, cuando tantas personas se agotan buscando éxito material y estabilidad financiera sin encontrar verdadera satisfacción. Un ejemplo moderno es el de aquellos que, al centrarse en su fe y comunidad, descubren que sus necesidades materiales también comienzan a ser satisfechas de manera inesperada.

Oración diaria:
"Señor, ayúdame a buscar primero tu reino y confiar en que tú suplirás todas mis necesidades. Recuérdame que tu justicia es mi verdadera prioridad. Amén."

Pregunta de reflexión:
¿Qué cambios puedes hacer hoy para poner a Dios primero en tus prioridades?

Acción práctica:
Hoy, dedica tiempo a la oración o lectura bíblica antes de enfocarte en tus responsabilidades diarias, poniendo a Dios en primer lugar.

Espacio para anotaciones personales:

Enero Día 15: Romanos 8:28

"Y sabemos que a los que aman a Dios, todas las cosas les ayudan a bien, esto es, a los que conforme a su propósito son llamados."

Este versículo nos consuela en medio de situaciones difíciles, recordándonos que Dios tiene un propósito para cada circunstancia en nuestras vidas, incluso las dolorosas. En el mundo actual, cuando enfrentamos pérdidas, enfermedades o cambios inesperados, es fácil sentirnos desorientados. Sin embargo, historias modernas de personas que ven cómo sus tragedias personales resultan en nuevos comienzos o bendiciones ocultas nos muestran que Dios trabaja a través de todo. Un ejemplo es cuando una pérdida de empleo lleva a una nueva carrera más gratificante o cuando una crisis de salud inspira a alguien a ayudar a otros en situaciones similares.

Oración diaria:
"Dios, confío en que todo lo que me sucede tiene un propósito en tu plan. Ayúdame a ver tu mano guiándome, incluso en los momentos difíciles. Amén."

Pregunta de reflexión:
¿Cómo puedes confiar en que Dios está trabajando para tu bien, incluso cuando las cosas no van como esperabas?

Acción práctica:
Tómate unos minutos hoy para reflexionar sobre una situación difícil en tu vida y pídele a Dios que te muestre cómo está trabajando en ella para tu bien.

Espacio para anotaciones personales:

Enero Día 16: Filipenses 4:13
"Todo lo puedo en Cristo que me fortalece."

Este versículo es uno de los más conocidos, pero su profundidad va más allá del simple positivismo. Pablo lo escribió mientras estaba en prisión, mostrando que su fortaleza no venía de sus circunstancias, sino de Cristo. En un mundo donde enfrentamos desafíos diarios en el trabajo, las relaciones o la salud, este recordatorio nos da esperanza de que no estamos solos en nuestras luchas. Hoy en día, muchos atletas, emprendedores o personas comunes encuentran inspiración en este versículo, confiando en que su fuerza viene de algo más grande que ellos mismos.

Oración diaria:
"Señor, gracias por darme la fortaleza que necesito para enfrentar cualquier situación. Ayúdame a confiar más en tu poder y menos en mis propias fuerzas. Amén."

Pregunta de reflexión:
¿En qué área de tu vida necesitas depender más de la fortaleza de Cristo y menos en tus propias habilidades?

Acción práctica:
Hoy, identifica una tarea difícil o un desafío personal y enfréntalo con la confianza de que Cristo te dará la fortaleza necesaria.

Espacio para anotaciones personales:

Enero Día 17: Jeremías 29:11

"Porque yo sé los planes que tengo para vosotros, dice Jehová, pensamientos de paz, y no de mal, para daros el fin que esperáis."

Dios tiene un plan para nuestras vidas, incluso cuando no podemos verlo claramente. En tiempos modernos, muchos enfrentan incertidumbre sobre el futuro: problemas económicos, decisiones de carrera o relaciones. Sin embargo, este versículo nos recuerda que Dios tiene un plan de bienestar y esperanza para cada uno de nosotros. Un ejemplo contemporáneo es cuando personas pasan por temporadas de confusión solo para encontrar después que Dios estaba preparando algo mejor de lo que imaginaban.

Oración diaria:
"Padre celestial, gracias porque tus planes son de paz y esperanza. Ayúdame a confiar en ti cuando no comprendo lo que está sucediendo a mi alrededor. Amén."

Pregunta de reflexión:
¿Cuáles son las áreas de tu vida donde necesitas confiar más en los planes de Dios?

Acción práctica:
Hoy, confía en que Dios tiene un buen plan para tu futuro, incluso cuando no puedes ver todos los detalles. Agradece por lo que vendrá.

Espacio para anotaciones personales:

Enero Día 18: Efesios 2:10

"Porque somos hechura suya, creados en Cristo Jesús para buenas obras, las cuales Dios preparó de antemano para que anduviésemos en ellas."

Este versículo nos recuerda que fuimos creados con un propósito, y Dios ya ha preparado buenas obras para nosotros. En el mundo moderno, muchas personas buscan sentido en sus vidas, a menudo tratando de definir su identidad por sus logros o posesiones. Sin embargo, este versículo nos dice que nuestra identidad y propósito vienen de Dios. Hoy en día, historias de personas que descubren su vocación al servir a otros nos muestran cómo estas buenas obras pueden cambiar vidas.

Oración diaria:
"Señor, gracias por crearme con un propósito y preparar buenas obras para mí. Ayúdame a caminar en ellas cada día. Amén."

Pregunta de reflexión:
¿Qué buenas obras crees que Dios ha preparado para ti hoy?

Acción práctica:
Busca hoy una manera de servir a los demás, ya sea a través de un acto de bondad o una palabra de aliento.

Espacio para anotaciones personales:

Enero Día 19: Proverbios 3:5-6
"Fíate de Jehová de todo tu corazón, y no te apoyes en tu propia prudencia. Reconócelo en todos tus caminos, y él enderezará tus veredas."

En la vida moderna, muchas veces confiamos demasiado en nuestro propio entendimiento y olvidamos que Dios tiene una visión mucho más amplia de nuestras vidas. Nos preocupamos por tomar decisiones importantes, pero este versículo nos recuerda que, al confiar en Dios en todo momento, Él guiará nuestros pasos. Un ejemplo de esto en el mundo actual podría ser una persona que, en lugar de seguir lo que "parece correcto" según la lógica humana, confía en su fe para tomar decisiones importantes, como mudarse a una nueva ciudad o cambiar de carrera, y encuentra paz en ese proceso.

Oración diaria:
"Dios, ayúdame a confiar en ti y no solo en mi propio entendimiento. Guía mis caminos y endereza mi vida conforme a tu voluntad. Amén."

Pregunta de reflexión:
¿En qué áreas de tu vida te has estado apoyando demasiado en tu propio juicio y necesitas confiar más en Dios?

Acción práctica:
Hoy, antes de tomar cualquier decisión importante, ora y pídele a Dios que te guíe en la dirección correcta, dejando a un lado tus propios prejuicios.

Espacio para anotaciones personales:

Enero Día 20: Santiago 1:19-20
"Por esto, mis amados hermanos, todo hombre sea pronto para oír, tardo para hablar, tardo para airarse; porque la ira del hombre no obra la justicia de Dios."

Este versículo nos enseña la importancia de la paciencia y la escucha, especialmente en una sociedad tan acelerada como la nuestra. En una era de redes sociales, donde muchas veces reaccionamos impulsivamente a lo que vemos o escuchamos, es fácil caer en la trampa de la ira o la crítica rápida. Este versículo nos recuerda que escuchar más y hablar menos puede llevarnos a actuar de manera más justa. En el mundo actual, un ejemplo podría ser cómo algunas personas eligen reflexionar y dialogar antes de responder a críticas en línea o conflictos laborales, evitando así decisiones precipitadas.

Oración diaria:
"Señor, ayúdame a ser paciente y a escuchar antes de hablar o actuar. Que mi comportamiento refleje tu justicia y tu amor. Amén."

Pregunta de reflexión:
¿En qué situaciones podrías ser más paciente y escuchar antes de reaccionar con enojo o juicio?

Acción práctica:
Hoy, practica ser más lento para hablar y escuchar más atentamente a quienes te rodean. Si te enfrentas a una situación tensa, respira profundamente antes de responder.

Espacio para anotaciones personales:

Enero Día 21: Salmo 46:1
"Dios es nuestro amparo y fortaleza, nuestro pronto auxilio en las tribulaciones."

En tiempos de crisis, es común sentirnos desprotegidos o solos, pero este versículo nos asegura que Dios es nuestro refugio constante. En el mundo actual, donde enfrentamos crisis globales como pandemias, guerras o catástrofes naturales, es reconfortante saber que no estamos solos en nuestras tribulaciones. Muchas historias actuales nos muestran cómo la fe en Dios ha sido un soporte clave para comunidades enteras que se han enfrentado a grandes desafíos, encontrando fortaleza en su fe para seguir adelante.

Oración diaria:
"Padre celestial, gracias por ser mi refugio y fortaleza en tiempos de dificultad. Ayúdame a confiar en ti cuando las circunstancias parezcan abrumadoras. Amén."

Pregunta de reflexión:
¿Cuál es una tribulación que estás enfrentando en este momento y cómo puedes buscar refugio en Dios?

Acción práctica:
Hoy, busca un momento de tranquilidad para entregar tus preocupaciones a Dios, confiando en que Él es tu fortaleza.

Espacio para anotaciones personales:

Enero Día 22: 1 Pedro 5:7
"Echando toda vuestra ansiedad sobre él, porque él tiene cuidado de vosotros."

En la sociedad actual, la ansiedad es una lucha común. Muchas personas se sienten abrumadas por las presiones diarias, ya sea el trabajo, la familia o la salud. Este versículo nos recuerda que podemos depositar nuestras preocupaciones en Dios, sabiendo que Él se preocupa profundamente por nosotros. Un ejemplo moderno es cómo muchas personas, a través de la oración o la meditación, encuentran alivio en su ansiedad al confiar sus preocupaciones a algo más grande que ellos mismos, dejando el control en manos de Dios.

Oración diaria:
"Señor, te entrego todas mis ansiedades, confiando en que tú cuidas de mí. Ayúdame a descansar en tu paz y no en mis propias preocupaciones. Amén."

Pregunta de reflexión:
¿Qué ansiedad o preocupación puedes entregar hoy a Dios para que Él la maneje?

Acción práctica:
Hoy, cuando sientas ansiedad, haz una pausa y ora, entregando tus preocupaciones a Dios y confiando en su cuidado.

Espacio para anotaciones personales:

Enero Día 23: Gálatas 6:9
"No nos cansemos, pues, de hacer bien; porque a su tiempo segaremos, si no desmayamos."

En el mundo de hoy, donde los resultados rápidos son valorados, puede ser desalentador seguir haciendo el bien cuando no vemos frutos inmediatos. Este versículo nos anima a perseverar, confiando en que los frutos de nuestras buenas acciones vendrán a su debido tiempo. Un ejemplo moderno podría ser el trabajo de voluntarios o activistas que, a pesar de no ver cambios inmediatos, siguen comprometidos a mejorar el mundo, sabiendo que su esfuerzo no es en vano.

Oración diaria:
"Dios, dame la fuerza para seguir haciendo el bien, incluso cuando no veo resultados inmediatos. Ayúdame a confiar en tu tiempo perfecto. Amén."

Pregunta de reflexión:
¿Hay alguna área en la que te sientas tentado a rendirte? ¿Cómo puedes perseverar sabiendo que los frutos vendrán a su debido tiempo?

Acción práctica:
Hoy, sigue haciendo el bien en una situación específica, incluso si no ves resultados inmediatos. Confía en que estás sembrando para el futuro.

Espacio para anotaciones personales:

Enero Día 24: Filipenses 4:13
"Todo lo puedo en Cristo que me fortalece."

Este versículo nos recuerda que nuestras capacidades no dependen únicamente de nosotros, sino de la fuerza que recibimos a través de Cristo. En un mundo donde enfrentamos desafíos constantes, como las expectativas laborales o los objetivos personales, este versículo nos alienta a creer que, con la ayuda de Dios, podemos superar cualquier obstáculo. Un ejemplo en la actualidad es el de atletas que, a pesar de las adversidades y la presión, encuentran la fortaleza para triunfar gracias a su fe y dedicación.

Oración diaria:
"Señor, dame la fortaleza para enfrentar los desafíos que tengo por delante. Ayúdame a recordar que puedo contar contigo en cada paso. Amén."

Pregunta de reflexión:
¿En qué área de tu vida sientes que necesitas más fortaleza y cómo puedes invocar la ayuda de Cristo en esa situación?

Acción práctica:
Hoy, cuando enfrentes un desafío, repite el versículo y recuerda que Cristo te da la fortaleza para seguir adelante.

Espacio para anotaciones personales:

Enero Día 25: Salmo 37:4
"Deléitate a sí mismo en Jehová, y él te concederá las peticiones de tu corazón."

Este versículo enfatiza la importancia de encontrar gozo en Dios, lo que transforma nuestras prioridades y deseos. Al aprender a deleitarnos en la presencia de Dios, nuestras peticiones se alinean con su voluntad. En el mundo actual, muchas personas luchan por encontrar satisfacción y felicidad en cosas temporales. Sin embargo, aquellos que se enfocan en cultivar una relación profunda con Dios suelen encontrar un propósito más grande y una alegría duradera. Un ejemplo es el de aquellos que, al servir a su comunidad, encuentran satisfacción y un sentido de propósito que va más allá de sus deseos individuales.

Oración diaria:
"Padre, ayúdame a encontrar mi alegría en ti y a alinear mis deseos con tu voluntad. Que mi corazón se deleite en tu presencia. Amén."

Pregunta de reflexión:
¿Qué cosas o deseos de tu vida actual te están impidiendo deleitarte en la presencia de Dios?

Acción práctica:
Hoy, dedica tiempo a disfrutar de la creación de Dios, ya sea en la naturaleza, con seres queridos, o en un momento de oración y meditación.

Espacio para anotaciones personales:

Enero Día 26: Efesios 4:32

"Antes sed unos con otros benignos, misericordiosos, perdonándoos unos a otros, como Dios también os perdonó a vosotros en Cristo."

Este versículo nos llama a practicar la bondad y el perdón en nuestras relaciones diarias. En una sociedad que a menudo fomenta la división y el rencor, este mensaje es vital. Ejemplos actuales de personas que eligen el perdón sobre el odio o la ira pueden encontrarse en las historias de reconciliación tras conflictos o en la vida cotidiana, donde pequeñas acciones de bondad pueden transformar relaciones.

Oración diaria:
"Dios, dame un corazón que perdone y muestre bondad a los demás, así como tú me has perdonado. Ayúdame a vivir en paz con aquellos que me rodean. Amén."

Pregunta de reflexión:
¿Hay alguien en tu vida a quien necesites perdonar? ¿Cómo puedes demostrar bondad hacia esa persona hoy?

Acción práctica:
Realiza un acto de bondad hacia alguien que lo necesite, ya sea un amigo, un familiar o incluso un extraño.

Espacio para anotaciones personales:

Enero Día 27: Romanos 12:2
"No os conforméis a este siglo, sino transformaos por medio de la renovación de vuestro entendimiento, para que comprobéis cuál sea la buena voluntad de Dios, agradable y perfecta."

Este versículo nos invita a no dejar que las influencias de nuestra cultura moldeen nuestra forma de pensar. En un mundo saturado de información y presiones sociales, es esencial renovar nuestro entendimiento a través de la palabra de Dios. Esto nos ayuda a discernir mejor su voluntad. En el contexto actual, esto se puede ver en cómo las personas eligen vivir de acuerdo con sus valores y principios, a pesar de las presiones externas. Aquellos que buscan una transformación interna a menudo se convierten en ejemplos de esperanza para los demás.

Oración diaria:
"Señor, ayúdame a no conformarme a las normas del mundo, sino a renovar mi mente y buscar tu voluntad en mi vida. Amén."

Pregunta de reflexión:
¿Qué aspectos de la cultura actual sientes que están influyendo negativamente en tu vida? ¿Cómo puedes renovarte para alinearte más con Dios?

Acción práctica:
Dedica tiempo hoy a leer la Biblia o un libro devocional que te ayude a renovar tu mente y comprender mejor la voluntad de Dios.

Espacio para anotaciones personales:

Enero Día 28: 1 Juan 4:19
"Nosotros le amamos a él, porque él nos amó primero."

Este versículo resume la esencia del amor cristiano: nuestra capacidad de amar proviene del amor que hemos recibido de Dios. En un mundo donde a menudo el amor se basa en condiciones, este mensaje es profundamente liberador. Las historias de personas que, inspiradas por el amor incondicional de Dios, eligen amar a los demás sin esperar nada a cambio son un testimonio poderoso de la fe. Esto se ve en actos de caridad, en el trabajo comunitario, y en la vida cotidiana.

Oración diaria:
"Señor, gracias por amarme incondicionalmente. Ayúdame a reflejar tu amor en mis acciones hacia los demás. Amén."

Pregunta de reflexión:
¿Cómo puedes demostrar el amor de Dios a alguien en tu vida hoy?

Acción práctica:
Realiza un acto de amor hacia alguien sin esperar nada a cambio, ya sea una palabra amable, una ayuda práctica o un gesto de cariño.

Espacio para anotaciones personales:

Enero Día 29: Salmo 119:105
"Lámpara es a mis pies tu palabra, y luz para mi camino."

Este versículo destaca la importancia de la palabra de Dios como guía en nuestra vida. En un mundo lleno de incertidumbres y decisiones difíciles, la Biblia puede proporcionarnos claridad y dirección. Muchas personas hoy en día buscan respuestas y propósito, y aquellos que se sumergen en la palabra de Dios a menudo encuentran la luz que necesitan para tomar decisiones correctas. Las historias de personas que, al seguir principios bíblicos, han encontrado claridad y propósito en sus vidas son inspiradoras.

Oración diaria:
"Señor, gracias por tu palabra que ilumina mi camino. Ayúdame a buscar en ella la dirección que necesito en cada paso que doy. Amén."

Pregunta de reflexión:
¿En qué áreas de tu vida necesitas más claridad y dirección en este momento?

Acción práctica:
Hoy, dedica tiempo a leer un pasaje de la Biblia y reflexiona sobre cómo puedes aplicarlo a tu vida diaria.

Espacio para anotaciones personales:

Enero Día 30: Mateo 6:33
"Mas buscad primeramente el reino de Dios y su justicia, y todas estas cosas os serán añadidas."

Este versículo nos recuerda la importancia de priorizar nuestra relación con Dios por encima de las preocupaciones materiales. En un mundo que constantemente nos empuja a preocuparnos por el éxito y las posesiones, este mensaje es un llamado a poner nuestra fe en primer lugar. Las historias de personas que, al poner su fe y sus prioridades en Dios, han encontrado paz y satisfacción en lugar de ansiedad son comunes hoy en día. Un claro ejemplo son aquellos que, al dedicarse a servir a otros, descubren que sus necesidades son suplidas de maneras inesperadas.

Oración diaria:
"Dios, ayúdame a buscarte primero en todas las áreas de mi vida. Que mi prioridad sea tu reino y tu justicia. Amén."

Pregunta de reflexión:
¿Qué cosas materiales o preocupaciones están ocupando un lugar demasiado alto en tu vida? ¿Cómo puedes buscar primero el reino de Dios?

Acción práctica:
Hoy, dedica un tiempo específico a orar y leer la Biblia, priorizando tu relación con Dios sobre cualquier preocupación.

Espacio para anotaciones personales:

Enero Día 31: Hebreos 10:24-25
"Y considerémonos unos a otros para estimularnos al amor y a las buenas obras; no dejando de congregarnos, como algunos tienen por costumbre, sino exhortándonos; y tanto más, cuanto veis que aquel día se acerca."

Este versículo nos recuerda la importancia de la comunidad y el apoyo mutuo. En una era donde el individualismo puede ser dominante, la Biblia nos llama a fomentar el amor y las buenas acciones en comunidad. Un ejemplo actual es cómo los grupos de apoyo en tiempos difíciles, como después de desastres naturales, se unen para ayudarse mutuamente, mostrando el poder de la unidad y la bondad. La comunidad de fe nos ofrece ese mismo espacio de estímulo y crecimiento mutuo.

Oración diaria:
"Señor, gracias por la comunidad de creyentes que me rodea. Ayúdame a ser una fuente de apoyo, amor y buenas obras para ellos. Amén."

Pregunta de reflexión:
¿Cómo puedes contribuir a tu comunidad hoy para estimular el amor y las buenas acciones?

Acción práctica:
Busca una manera de contribuir en tu comunidad de fe o en tu entorno, ya sea ayudando a alguien en necesidad o simplemente animando a otro en su caminar.

Espacio para anotaciones personales:

Febrero: Día 1 - Salmo 46:1
"Dios es nuestro refugio y fortaleza, nuestro pronto auxilio en las tribulaciones."

Este versículo nos recuerda que, en momentos de dificultad y caos, Dios siempre está disponible para brindarnos refugio y fortaleza. En el mundo actual, muchas personas enfrentan crisis emocionales, financieras o de salud, y encontrar un refugio puede ser un desafío. Sin embargo, hay testimonios de individuos que, al confiar en Dios durante momentos de dificultad, experimentaron paz y alivio, incluso en circunstancias complicadas. Por ejemplo, durante la pandemia, muchos encontraron consuelo en su fe, buscando a Dios como su refugio.

Oración diaria:
"Señor, en mis momentos de tribulación, ayúdame a recordar que tú eres mi refugio. Fortalece mi corazón y mente para confiar en ti. Amén."

Pregunta de reflexión:
¿Qué situaciones actuales en tu vida te hacen sentir la necesidad de un refugio? ¿Cómo puedes buscar a Dios en esos momentos?

Acción práctica:
Hoy, identifica un área de tu vida en la que necesites refugio y dedica tiempo a orar específicamente sobre ella.

Espacio para anotaciones personales:

Febrero: Día 2 - Romanos 8:28
"Y sabemos que a los que aman a Dios, todas las cosas les ayudan a bien."

Este versículo nos asegura que, aunque enfrentemos adversidades, Dios puede usar cada experiencia para nuestro bien. En un mundo lleno de sorpresas y desafíos, muchas veces no entendemos el propósito de las dificultades. Sin embargo, hay historias inspiradoras de personas que han encontrado significado en sus luchas, como sobrevivientes de enfermedades que se convierten en defensores de la salud. Estas historias nos recuerdan que, a pesar de la adversidad, Dios puede transformar nuestras pruebas en bendiciones.

Oración diaria:
"Dios, ayúdame a confiar en que tú estás obrando para mi bien, incluso cuando no lo veo. Que mi fe se fortalezca en medio de las dificultades. Amén."

Pregunta de reflexión:
¿Qué experiencias difíciles has enfrentado que te han llevado a un crecimiento personal o espiritual?

Acción práctica:
Hoy, escribe una lista de agradecimientos por las dificultades que has enfrentado y cómo te han ayudado a crecer.

Espacio para anotaciones personales:

Febrero: Día 3 - Proverbios 3:5-6

"Confía en Jehová con todo tu corazón, y no te apoyes en tu propia prudencia; reconócelo en todos tus caminos, y él enderezará tus veredas."

Este versículo nos anima a confiar en Dios en lugar de depender únicamente de nuestra propia sabiduría. En un mundo que valora la autosuficiencia, puede ser difícil rendir el control a Dios. Sin embargo, hay muchos ejemplos de personas que, al dejar de lado su propio entendimiento y buscar la dirección de Dios, encontraron caminos inesperados hacia el éxito y la paz. Por ejemplo, líderes empresariales que han integrado principios de fe en sus decisiones, logrando así no solo éxito, sino un sentido de propósito.

Oración diaria:
"Señor, ayúdame a confiar en ti con todo mi corazón y a reconocer tu guía en cada decisión que tome. Amén."

Pregunta de reflexión:
¿En qué áreas de tu vida estás tratando de controlar demasiado y necesitas soltar para confiar en Dios?

Acción práctica:
Hoy, elige una decisión importante y ora por la dirección de Dios antes de tomarla.

Espacio para anotaciones personales:

Febrero: Día 4 - Salmo 23:1-3
"Jehová es mi pastor; nada me faltará. En lugares de delicados pastos me hará descansar; Junto a aguas de reposo me pastoreará."

Este versículo es un hermoso recordatorio de la provisión y el cuidado de Dios. En un mundo lleno de estrés y ansiedad, muchas personas anhelan encontrar paz y descanso. Hay historias de personas que, al aprender a confiar en Dios como su pastor, encontraron la paz en medio de las tormentas de la vida. Por ejemplo, aquellos que enfrentan desafíos laborales o familiares, pero que encuentran consuelo al entregarse a la guía de Dios.

Oración diaria:
"Dios, gracias por ser mi pastor. Te pido que me guíes y me des el descanso que necesito en mi vida. Amén."

Pregunta de reflexión:
¿En qué áreas de tu vida sientes que necesitas más descanso y cuidado de parte de Dios?

Acción práctica:
Hoy, busca un momento de tranquilidad y reflexión, ya sea en la naturaleza o en un espacio tranquilo, y medita sobre el cuidado de Dios en tu vida.

Espacio para anotaciones personales:

Febrero: Día 5 - Isaías 40:31
"Pero los que esperan a Jehová tendrán nuevas fuerzas; levantarán alas como las águilas; correrán, y no se cansarán; caminarán, y no se fatigarán."

Este versículo nos alienta a esperar en Dios para renovar nuestras fuerzas. En un mundo que valora la rapidez y la eficiencia, esperar puede ser un desafío. Sin embargo, hay historias de personas que, al aprender a esperar en Dios, experimentaron una renovación de su energía y propósito. Un ejemplo son aquellos que, en tiempos de crisis, se encuentran con el poder de la oración y la meditación, y, como resultado, se sienten revitalizados y listos para enfrentar el día.

Oración diaria:
"Señor, enséñame a esperar en ti y a encontrar en ti la fuerza que necesito para cada día. Amén."

Pregunta de reflexión:
¿Hay áreas en tu vida donde sientes que te has fatigado y necesitas la renovación de Dios?

Acción práctica:
Hoy, dedica unos minutos a la oración y medita sobre lo que significa esperar en Dios. Haz una pausa en tu rutina y respira profundamente.

Espacio para anotaciones personales:

Febrero: Día 6 – Salmo 119:11
"En mi corazón he guardado tus dichos, para no pecar contra ti."

Este versículo subraya la importancia de memorizar y meditar en la palabra de Dios. En un mundo donde la distracción es constante, tomarse el tiempo para internalizar las enseñanzas bíblicas puede ayudarnos a vivir de manera más alineada con los valores de Dios. Hay testimonios de personas que, al memorizar versículos, han encontrado consuelo y guía en momentos difíciles, como durante situaciones de estrés o decisiones complicadas.

Oración diaria:
"Dios, ayúdame a guardar tu palabra en mi corazón para que me guíe y me proteja de caer en tentaciones. Amén."

Pregunta de reflexión:
¿Qué versículo o pasaje bíblico te gustaría memorizar para que te sirva de guía en tu vida diaria?

Acción práctica:
Elige un versículo para memorizar esta semana y repítelo varias veces durante el día.

Espacio para anotaciones personales:

Febrero: Día 7 - Gálatas 5:22-23
"Mas el fruto del Espíritu es amor, gozo, paz, paciencia, benignidad, bondad, fe, mansedumbre, templanza; contra tales cosas no hay ley."

Este versículo nos recuerda los frutos del Espíritu que debemos buscar en nuestras vidas. En un mundo que a menudo prioriza el egoísmo y la competencia, es vital recordar que vivir de acuerdo con estos frutos nos enriquece a nosotros y a quienes nos rodean. Existen numerosas historias de personas que, al practicar estos principios, han transformado sus entornos, creando comunidades más unidas y amorosas. Por ejemplo, en entornos laborales donde se promueve la bondad y la paciencia, la moral y la colaboración suelen ser más altas.

Oración diaria:
"Señor, ayúdame a cultivar los frutos del Espíritu en mi vida y a ser un reflejo de tu amor y bondad en el mundo. Amén."

Pregunta de reflexión:
¿Cuál de los frutos del Espíritu te gustaría cultivar más en tu vida? ¿Por qué?

Acción práctica:
Hoy, elige un fruto del Espíritu para practicar de manera consciente y observa cómo impacta tus interacciones con los demás.

Espacio para anotaciones personales:

Febrero: Día 8 - Filipenses 4:6-7

"Por nada estéis afanosos, sino sean conocidas vuestras peticiones delante de Dios en toda oración y ruego, con acción de gracias. Y la paz de Dios, que sobrepasa todo entendimiento, guardará vuestros corazones y vuestros pensamientos en Cristo Jesús."

Este versículo nos enseña a entregar nuestras preocupaciones a Dios y a confiar en su paz. En un mundo lleno de incertidumbres, es fácil caer en la ansiedad. Sin embargo, muchas personas han encontrado alivio al practicar la oración y el agradecimiento, incluso en los momentos más oscuros. Por ejemplo, historias de personas que han enfrentado problemas de salud o crisis personales y que, a través de la oración, han experimentado una paz inexplicable que les permitió seguir adelante.

Oración diaria:
"Señor, ayúdame a dejar de lado mis ansiedades y a entregarte mis preocupaciones. Que tu paz llene mi corazón y mente. Amén."

Pregunta de reflexión:
¿Cuáles son las preocupaciones que necesitas entregar a Dios hoy?

Acción práctica:
Haz una lista de tus preocupaciones y luego ora sobre ellas, entregándolas a Dios. Agradece por su paz y confianza.

Espacio para anotaciones personales:

Febrero: Día 9 - Efesios 2:8-9
"Porque por gracia sois salvos por medio de la fe; y esto no de vosotros, pues es don de Dios; no por obras, para que nadie se gloríe."

Este versículo nos recuerda que nuestra salvación es un regalo de Dios, no algo que podamos ganar por nuestros propios esfuerzos. En un mundo que a menudo valora el mérito y el logro personal, es liberador saber que la gracia de Dios está disponible para todos. Muchos testimonios de personas que han tenido encuentros transformadores con la gracia de Dios reflejan que la humildad y la aceptación de este regalo son clave para vivir en libertad y paz.

Oración diaria:
"Dios, gracias por tu gracia inmerecida. Ayúdame a vivir en la luz de esta verdad y a compartirla con otros. Amén."

Pregunta de reflexión:
¿Cómo puedes mostrar la gracia que has recibido a quienes te rodean?

Acción práctica:
Hoy, busca oportunidades para ofrecer gracia y perdón a quienes te rodean, recordando cómo tú también has recibido ese regalo.

Espacio para anotaciones personales:

Febrero: Día 10 - Mateo 6:33
"Mas buscad primeramente el reino de Dios y su justicia, y todas estas cosas os serán añadidas."

Este versículo nos recuerda la importancia de priorizar a Dios en nuestras vidas. En la actualidad, a menudo nos vemos atrapados en la búsqueda de éxito, reconocimiento y satisfacción material. Sin embargo, hay historias inspiradoras de personas que, al poner a Dios en primer lugar, han encontrado que sus necesidades se satisfacen de maneras inesperadas. Por ejemplo, individuos que deciden servir en su comunidad y, a su vez, encuentran propósitos más profundos y conexiones significativas.

Oración diaria:
"Señor, ayúdame a buscarte primero en todas las áreas de mi vida. Que mis prioridades reflejen tu reino y tu justicia. Amén."

Pregunta de reflexión:
¿Qué significa para ti buscar primero el reino de Dios en tu vida diaria?

Acción práctica:
Hoy, dedica un tiempo específico para orar y reflexionar sobre cómo puedes priorizar a Dios en tu rutina diaria.

Espacio para anotaciones personales:

Febrero: Día 11 - 1 Pedro 5:7
"Echando toda vuestra ansiedad sobre él, porque él tiene cuidado de vosotros."

Este versículo nos invita a liberar nuestras ansiedades al cuidado de Dios. En un mundo donde el estrés y la ansiedad son comunes, recordar que Dios se preocupa por nosotros puede ser un gran alivio. Hay testimonios de personas que, al practicar el acto de entregar sus ansiedades a Dios, han experimentado un sentido renovado de calma y perspectiva. Historias de jóvenes enfrentando presiones académicas o laborales que han encontrado consuelo en este versículo son ejemplos inspiradores de la fe en acción.

Oración diaria:
"Dios, aquí están mis preocupaciones y ansiedades. Te las entrego y confío en que cuidarás de mí. Amén."

Pregunta de reflexión:
¿Qué ansiedades puedes entregar a Dios hoy para sentirte más libre y ligero?

Acción práctica:
Escribe tus ansiedades en un papel y luego ora, entregándolas a Dios. Rompe el papel o quémalo como símbolo de liberación.

Espacio para anotaciones personales:

Febrero: Día 12 - Santiago 1:5

"Y si alguno de vosotros tiene falta de sabiduría, pídala a Dios, el cual da a todos abundantemente y sin reproche, y le será dada."

Este versículo enfatiza la importancia de buscar sabiduría de Dios en nuestras decisiones. En un mundo complejo y a menudo confuso, es fácil sentirse perdido. Sin embargo, hay muchas historias de personas que, al buscar sabiduría divina, han encontrado claridad y dirección. Por ejemplo, empresarios que enfrentan decisiones difíciles y que recurren a la oración y la meditación encuentran soluciones inesperadas y sabiduría que trasciende la lógica humana.

Oración diaria:
"Señor, te pido sabiduría en las decisiones que debo tomar hoy. Guíame con tu entendimiento. Amén."

Pregunta de reflexión:
¿Cuál es una decisión importante en tu vida en la que necesitas la sabiduría de Dios?

Acción práctica:
Dedica tiempo a orar específicamente sobre esa decisión, pidiendo claridad y dirección. Considera escribir tus pensamientos y reflexiones.

Espacio para anotaciones personales:

Febrero: Día 13 - Proverbios 4:23
"Sobre toda cosa guardada, guarda tu corazón; porque de él mana la vida."

Este versículo nos advierte sobre la importancia de cuidar nuestro corazón y mente. En una sociedad donde la información y las distracciones están al alcance de la mano, proteger nuestro corazón se vuelve esencial. Las historias de personas que han enfrentado desafíos emocionales a causa de influencias externas nos muestran la necesidad de establecer límites saludables. Por ejemplo, aquellos que deciden desconectarse de las redes sociales por un tiempo experimentan una mayor paz y claridad mental.

Oración diaria:
"Señor, ayúdame a guardar mi corazón y a filtrar lo que permito que entre en él. Quiero que mi vida refleje tu luz. Amén."

Pregunta de reflexión:
¿Qué influencias en tu vida pueden estar afectando tu corazón y tu bienestar?

Acción práctica:
Hoy, haz una lista de las cosas que podrían estar afectando tu corazón negativamente y considera cómo puedes protegerte de ellas.

Espacio para anotaciones personales:

Febrero: Día 14 - 1 Juan 4:19
"Nosotros amamos porque él nos amó primero."

Este versículo nos recuerda que el amor que ofrecemos a los demás proviene del amor de Dios por nosotros. En un mundo que a menudo parece falto de amor, es vital recordar que somos capaces de amar porque hemos sido amados. Hay numerosas historias de personas que, al reconocer el amor de Dios en sus vidas, han comenzado a amar a otros de maneras significativas, creando conexiones profundas y cambiando vidas.

Oración diaria:
"Señor, gracias por amarme incondicionalmente. Ayúdame a reflejar ese amor en mi vida diaria. Amén."

Pregunta de reflexión:
¿Cómo puedes mostrar el amor de Dios a las personas que te rodean hoy?

Acción práctica:
Realiza un acto de bondad o amor hacia alguien hoy, recordando que ese amor proviene de Dios.

Espacio para anotaciones personales:

Febrero: Día 15 - 2 Corintios 5:17
"De modo que si alguno está en Cristo, nueva criatura es; las cosas viejas pasaron; he aquí, todas son hechas nuevas."

Este versículo destaca la transformación que ocurre al estar en Cristo. En un mundo donde las personas a menudo luchan con su pasado, este mensaje es liberador. Hay historias inspiradoras de personas que han cambiado radicalmente sus vidas al aceptar a Cristo, dejando atrás viejas costumbres, adicciones y relaciones tóxicas. Por ejemplo, muchos han encontrado nueva esperanza y propósito al adoptar una vida de fe, mostrando que la redención y la renovación son posibles para todos.

Oración diaria:
"Señor, gracias por hacerme una nueva criatura en Cristo. Ayúdame a dejar atrás lo viejo y a abrazar la nueva vida que me has dado. Amén."

Pregunta de reflexión:
¿Qué aspectos de tu vida necesitas dejar atrás para experimentar la nueva creación que Dios te ofrece?

Acción práctica:
Escribe tres cosas del pasado que deseas dejar atrás y ora sobre ellas, pidiendo a Dios que te ayude en este proceso de transformación.

Espacio para anotaciones personales:

Febrero: Día 16 - **Efesios 4:32**
"Sean compasivos unos con otros, perdonándose mutuamente,
así como Dios los perdonó a ustedes en Cristo."

La compasión es más que un sentimiento; es una acción que
refleja el amor y la misericordia de Dios hacia los demás. Jesús
fue el ejemplo perfecto de compasión. Hoy, busca maneras de
mostrar compasión a aquellos que están sufriendo, siendo un
reflejo de Su amor.

Oración diaria:
Señor, lléname de Tu compasión para que pueda ver las
necesidades de los demás y actuar con amor. Amén.

Pregunta de reflexión:
¿Cómo puedes integrar más la Palabra de Dios en tu vida diaria
para que guíe tus decisiones?

Acción práctica:
Selecciona un versículo de la Biblia y medita en él a lo largo del
día, buscando cómo se aplica a tu vida.

Espacio para anotaciones personales:

Febrero: Día 17 - Romanos 12:2

"No os conforméis a este siglo, sino transformáos por medio de la renovación de vuestro entendimiento, para que comprobéis cuál sea la buena voluntad de Dios, agradable y perfecta."

Este versículo nos desafía a no conformarnos a las normas y valores del mundo. En una época donde las presiones sociales son fuertes, es crucial buscar la transformación interior a través de la relación con Dios. Hay muchas historias de personas que han decidido no seguir el camino común, eligiendo en cambio vivir de acuerdo con los principios de Dios. Estas decisiones pueden traer cambios significativos en sus vidas y en las vidas de quienes los rodean.

Oración diaria:
"Señor, renueva mi mente y ayúdame a no conformarme a este mundo. Quiero conocer y hacer tu voluntad. Amén."

Pregunta de reflexión:
¿Qué áreas de tu vida han sido influenciadas por las normas del mundo en lugar de los principios de Dios?

Acción práctica:
Identifica una forma en que puedes resistir la presión del mundo y actuar de acuerdo con tus creencias.

Espacio para anotaciones personales:

Febrero: Día 18 - Salmos 46:1
"Dios es nuestro refugio y fortaleza, nuestro pronto auxilio en las tribulaciones."

Este versículo resalta que Dios es nuestro refugio y ayuda en tiempos difíciles. En momentos de crisis o desafío, muchas personas han encontrado consuelo y fortaleza en su fe. Por ejemplo, aquellos que han enfrentado pérdidas o enfermedades a menudo comparten cómo la fe les ha proporcionado un sentido de paz y esperanza en medio de la tormenta.

Oración diaria:
"Señor, en mis momentos de dificultad, ayúdame a recordar que eres mi refugio. Fortalece mi fe y dame paz en la tribulación. Amén."

Pregunta de reflexión:
En qué situaciones has experimentado la ayuda de Dios en tus momentos de necesidad?

Acción práctica:
Escribe una lista de las veces que Dios ha sido tu refugio en el pasado y agradece por su fidelidad.

Espacio para anotaciones personales:

Febrero: Día 19 - Isaías 40:31
"Pero los que esperan a Jehová tendrán nuevas fuerzas; levantarán alas como las águilas; correrán, y no se cansarán; caminarán, y no se fatigarán."

Este versículo promete renovación de fuerzas a aquellos que confían en Dios. En un mundo que a menudo deja a las personas exhaustas y desanimadas, esta promesa ofrece esperanza. Hay muchas historias de personas que, al esperar y confiar en Dios, han experimentado renovadas energías para enfrentar desafíos y alcanzar metas que parecían inalcanzables.

Oración diaria:
"Señor, ayúdame a esperar en ti y a confiar en que me darás las fuerzas que necesito. Amén."

Pregunta de reflexión:
¿En qué área de tu vida necesitas experimentar la renovación de fuerzas de Dios?

Acción práctica:
Dedica tiempo a la oración y meditación hoy, pidiendo a Dios que renueve tus fuerzas.

Espacio para anotaciones personales:

Febrero: Día 20 - Colosenses 3:23-24

"Y todo lo que hagáis, hacedlo de corazón, como para el Señor y no para los hombres; sabiendo que del Señor recibiréis la recompensa de la herencia, porque a Cristo el Señor servís."

Este versículo nos recuerda que nuestras acciones deben ser realizadas con el corazón, como si sirviéramos a Dios en lugar de a los hombres. En el mundo laboral y en las relaciones diarias, tener esta perspectiva puede transformar la manera en que hacemos las cosas. Muchos han encontrado alegría y propósito en su trabajo al verlo como un servicio a Dios, lo que les da un sentido de satisfacción y recompensa más allá de lo material.

Oración diaria:
"Señor, ayúdame a hacer todo lo que hago con un corazón dispuesto y agradecido, como para ti. Amén."

Pregunta de reflexión:
¿En qué áreas de tu vida puedes mejorar tu actitud al servir a otros?

Acción práctica:
Hoy, elige un trabajo o tarea y hazlo como un acto de servicio a Dios, poniendo tu corazón en ello.

Espacio para anotaciones personales:

Febrero: Día 21 - Romanos 8:28

"Y sabemos que a los que aman a Dios, todas las cosas les ayudan a bien; esto es, a los que conforme a su propósito son llamados."

Este versículo nos asegura que, a pesar de las dificultades, Dios puede utilizar todas las experiencias para nuestro bien. Muchas personas han pasado por pruebas difíciles y, al mirar hacia atrás, han visto cómo esas situaciones las han moldeado y preparado para lo que Dios tenía para ellas. Las historias de aquellos que han enfrentado adversidades y han encontrado un propósito más profundo son testimonio del plan divino en medio del sufrimiento.

Oración diaria:
"Señor, ayúdame a confiar en que, incluso en las dificultades, tienes un plan para mi vida. Amén."

Pregunta de reflexión:
¿Puedes identificar momentos difíciles en tu vida que Dios ha utilizado para tu bien?

Acción práctica:
Escribe sobre una experiencia difícil que has tenido y reflexiona sobre cómo Dios la ha utilizado para bien en tu vida.

Espacio para anotaciones personales:

Febrero: Día 22 – Mateo 5:9
"Bienaventurados los pacificadores, porque ellos serán llamados hijos de Dios."

En un mundo lleno de conflictos y divisiones, el papel del pacificador es más importante que nunca. Ser pacificador no significa simplemente evitar los conflictos, sino trabajar activamente para resolverlos con compasión, comprensión y amor. En la actualidad, necesitamos más personas que busquen la paz en sus relaciones, en sus comunidades y en el mundo entero. Este versículo nos llama a ser agentes de reconciliación, incluso cuando es difícil. Ser pacificadores nos hace reflejar el amor de Dios, porque Él es la fuente de toda paz verdadera.

Oración diaria:
"Señor, dame un corazón lleno de paz y la capacidad de ser un pacificador en mi entorno. Ayúdame a promover la reconciliación y el entendimiento, para que mi vida refleje Tu amor y paz. Amén."

Pregunta de reflexión:
¿En qué áreas de mi vida puedo ser un pacificador, trayendo paz donde hay conflicto?

Acción práctica:
Hoy, busca una oportunidad para mediar en una situación conflictiva, ya sea en tu hogar, trabajo o comunidad. Actúa con empatía y comprensión, buscando la reconciliación.

Espacio para anotaciones personales:

Febrero: Día 23 - Filipenses 4:13
"Todo lo puedo en Cristo que me fortalece."

Este versículo enfatiza la fortaleza que encontramos en Cristo. Muchos enfrentan desafíos que parecen imposibles, pero al apoyarse en su fe, descubren una fuerza interior que no sabían que tenían. Testimonios de personas que han superado obstáculos significativos, como enfermedades o dificultades financieras, resaltan cómo su fe en Cristo les ha dado el valor y la fortaleza necesarios para seguir adelante.

Oración diaria:
"Señor, dame la fortaleza que necesito para enfrentar los desafíos de mi vida. Confío en que, a través de ti, puedo lograrlo. Amén."

Pregunta de reflexión:
¿Qué desafíos estás enfrentando en este momento y cómo puedes apoyarte en la fuerza que te da Cristo?

Acción práctica:
Escribe un objetivo que deseas alcanzar y haz una lista de los pasos que puedes tomar, pidiendo a Dios que te fortalezca en el proceso.

Espacio para anotaciones personales:

Febrero: Día 24 - 1 Pedro 5:7
"Echando toda vuestra ansiedad sobre él, porque él tiene cuidado de vosotros."

Este versículo nos invita a dejar nuestras preocupaciones en manos de Dios, recordándonos que Él se preocupa profundamente por nosotros. En un mundo donde el estrés y la ansiedad son comunes, este mensaje es un bálsamo para el alma. Muchas personas han experimentado la liberación que viene al confiar en Dios con sus ansiedades, encontrando paz y alivio en momentos de angustia.

Oración diaria:
"Señor, te entrego mis ansiedades y preocupaciones. Gracias por cuidar de mí y por estar siempre presente en mi vida. Amén."

Pregunta de reflexión:
¿Qué ansiedades necesitas entregar a Dios hoy?

Acción práctica:
Escribe tus preocupaciones en un papel y luego quémalo o sepúltalo, simbolizando tu entrega de esas ansiedades a Dios.

Espacio para anotaciones personales:

Febrero: Día 25 - Efesios 6:10
"Por lo demás, hermanos míos, fortaleceos en el Señor y en el poder de su fuerza."

Este versículo nos anima a encontrar nuestra fortaleza en el Señor, recordándonos que, aunque enfrentemos desafíos, no estamos solos. La historia de personas que han enfrentado adversidades y han encontrado fuerza en su fe es inspiradora. Al apoyarse en la fuerza de Dios, muchos han podido resistir tentaciones y superar obstáculos que parecían insuperables.

Oración diaria:
"Señor, fortaléceme en tu poder. Ayúdame a enfrentar cada día con la confianza de que contigo soy más que vencedor. Amén."

Pregunta de reflexión:
¿Cómo puedes buscar y fortalecer tu relación con Dios para recibir su poder en tu vida?

Acción práctica:
Dedica tiempo a la oración y al estudio de la Biblia hoy, buscando maneras de profundizar tu relación con Dios.

Espacio para anotaciones personales:

Febrero: Día 26 - Proverbios 3:5-6
"Confía en Jehová con todo tu corazón, y no te apoyes en tu propia prudencia. Reconócelo en todos tus caminos, y él enderezará tus sendas."

Este versículo nos instruye a confiar plenamente en Dios, reconociendo que su sabiduría supera la nuestra. En tiempos de incertidumbre, es fácil dejarse llevar por el miedo o la duda, pero este pasaje nos recuerda que al buscar la guía de Dios, Él nos ayudará a tomar decisiones correctas. Historias de personas que han experimentado la dirección divina al confiar en Dios son una prueba de su fidelidad.

Oración diaria:
"Señor, ayúdame a confiar en ti en cada decisión que tome. Quiero seguir tus caminos y no los míos. Amén."

Pregunta de reflexión:
¿En qué áreas de tu vida necesitas confiar más en la guía de Dios en lugar de depender de tu propia comprensión?

Acción práctica:
Escribe una decisión importante que estés enfrentando y ora por la sabiduría de Dios para que te guíe en el proceso.

Espacio para anotaciones personales:

Febrero: Día 27 - Salmos 37:4
"Deléitate asimismo en Jehová, y él te concederá las peticiones de tu corazón."

Este versículo enfatiza la importancia de deleitarnos en Dios y su voluntad. Muchas veces, nuestras peticiones pueden estar alineadas con nuestros deseos, pero cuando nos deleitamos en Dios, nuestras metas y sueños se alinean con su propósito. Testimonios de personas que han encontrado alegría en su relación con Dios a menudo revelan cómo sus deseos se han transformado y cómo han visto las bendiciones manifestarse en sus vidas.

Oración diaria:
"Señor, quiero encontrar mi deleite en ti. Alinéa mis deseos con tu voluntad y ayúdame a confiar en que lo que deseas para mí es lo mejor. Amén."

Pregunta de reflexión:
¿Qué significa para ti deleitarte en Dios y cómo puedes practicarlo más a menudo?

Acción práctica:
Dedica tiempo a adorar y alabar a Dios hoy, ya sea a través de la música, la oración o la meditación.

Espacio para anotaciones personales:

Febrero: Día 28 - Gálatas 5:22-23

"Mas el fruto del Espíritu es amor, gozo, paz, paciencia, benignidad, bondad, fe, mansedumbre, templanza; contra tales cosas no hay ley."

Este versículo describe las cualidades que deben caracterizar la vida de un creyente. Al vivir en el Espíritu, se manifiestan estos frutos en nuestras relaciones y en cómo enfrentamos la vida. Historias de personas que han experimentado cambios significativos al cultivar el fruto del Espíritu, como el amor y la paz, muestran cómo estas cualidades pueden transformar tanto su vida personal como su entorno.

Oración diaria:
"Señor, ayúdame a cultivar el fruto del Espíritu en mi vida. Quiero reflejar tu amor y paz en todo lo que hago. Amén."

Pregunta de reflexión:
¿Cuál de los frutos del Espíritu sientes que necesitas cultivar más en tu vida?

Acción práctica:
Elige un fruto del Espíritu y busca maneras de manifestarlo en tu vida hoy, ya sea a través de una acción, una palabra o un pensamiento.

Espacio para anotaciones personales:

Marzo: Día 1 - Romanos 12:2

"No os conforméis a este siglo, sino transformaos por medio de la renovación de vuestro entendimiento, para que comprobéis cuál sea la buena voluntad de Dios, agradable y perfecta."

Este versículo nos desafía a no dejar que las influencias del mundo nos moldeen, sino a renovar nuestras mentes a través de la Palabra de Dios. En un mundo lleno de ruido y distracciones, el llamado a la transformación es más relevante que nunca. Las historias de individuos que han encontrado propósito al alejarse de las expectativas sociales y alinear sus vidas con la voluntad de Dios son inspiradoras.

Oración diaria:
"Señor, ayúdame a renovar mi mente y a no conformarme a las presiones del mundo. Quiero vivir de acuerdo a tu voluntad. Amén."

Pregunta de reflexión:
¿Hay áreas de tu vida donde te has conformado a las expectativas del mundo en lugar de buscar la voluntad de Dios?

Acción práctica:
Dedica tiempo a leer la Biblia y reflexionar sobre cómo puedes aplicar sus enseñanzas en tu vida diaria.

Espacio para anotaciones personales:

Marzo: Día 2 - Salmos 46:1
"Dios es nuestro refugio y fortaleza, nuestro pronto auxilio en las tribulaciones."

Este versículo ofrece consuelo en tiempos de dificultad. Recordar que Dios es nuestro refugio puede ser un alivio en momentos de crisis. Historias de personas que han enfrentado adversidades, como desastres naturales o pérdidas personales, destacan cómo han encontrado refugio en su fe, experimentando la paz que solo Dios puede brindar.

Oración diaria:
"Señor, en mis momentos de tribulación, te agradezco por ser mi refugio. Ayúdame a recordar que siempre puedo acudir a ti. Amén."

Pregunta de reflexión:
¿Qué situaciones en tu vida actual te hacen sentir que necesitas un refugio?

Acción práctica:
Escribe una lista de situaciones que te preocupan y ora sobre ellas, entregándoselas a Dios.

Espacio para anotaciones personales:

Marzo: Día 3 - Proverbios 16:3
"Encomienda a Jehová tus obras, y tus pensamientos serán afirmados."

Este versículo resalta la importancia de confiar nuestros planes a Dios. En un mundo que promueve la autosuficiencia, recordar que debemos encomendar nuestras obras a Dios es vital. Personas que han experimentado el éxito al confiar en Dios en sus decisiones demuestran que su guía puede conducir a resultados inesperados y positivos.

Oración diaria:
"Señor, hoy encomiendo mis planes y proyectos a ti. Confío en que guiarás mis pensamientos y acciones. Amén."

Pregunta de reflexión:
¿Hay alguna meta o proyecto en el que necesitas la guía de Dios?

Acción práctica:
Dedica tiempo a escribir tus metas y presenta cada una a Dios en oración, pidiéndole que guíe tus pasos.

Espacio para anotaciones personales:

Marzo: Día 4 - 1 Corintios 16:14
"Todo lo que hagáis, hacedlo con amor."

Este breve pero poderoso versículo nos recuerda la importancia del amor en todas nuestras acciones. En un mundo que a menudo parece estar dividido, actuar desde un lugar de amor puede hacer una gran diferencia. Historias de reconciliación y bondad, incluso en situaciones desafiantes, ilustran el impacto que el amor puede tener en la vida de las personas.

Oración diaria:
"Señor, ayúdame a actuar con amor en todas mis acciones. Quiero reflejar tu amor en el mundo que me rodea. Amén."

Pregunta de reflexión:
¿Hay alguien en tu vida con quien necesitas actuar con más amor?

Acción práctica:
Realiza un acto de bondad al azar hoy, ya sea ayudando a alguien o mostrando aprecio a un ser querido.

Espacio para anotaciones personales:

Marzo: Día 5 - Salmos 139:14

"Te alabaré; porque formidables, maravillosas son tus obras; Estoy maravillado, y mi alma lo sabe muy bien."

Este versículo nos recuerda que somos creados de manera única y especial por Dios. En una cultura que a menudo promueve la comparación y la inseguridad, recordar que somos maravillas de Su creación puede inspirarnos a celebrar nuestra individualidad. Testimonios de personas que han encontrado su identidad en Cristo son poderosos recordatorios de esta verdad.

Oración diaria:
"Señor, gracias por crearme de manera maravillosa. Ayúdame a ver y a celebrar la obra que has hecho en mí. Amén."

Pregunta de reflexión:
¿Cómo puedes celebrar tu identidad en Cristo y la obra de Dios en tu vida?

Acción práctica:
Escribe tres cosas que amas de ti mismo y agradece a Dios por cada una de ellas.

Espacio para anotaciones personales:

Marzo: Día 6 - Mateo 5:16
"Así alumbre vuestra luz delante de los hombres; para que vean vuestras buenas obras, y glorifiquen a vuestro Padre que está en los cielos."

Este versículo nos llama a ser luz en el mundo. Al vivir de manera que reflejemos el amor y la bondad de Dios, podemos influir positivamente en aquellos que nos rodean. Historias de individuos que han hecho una diferencia en sus comunidades al vivir su fe abiertamente son inspiradoras y muestran el poder de las buenas obras.

Oración diaria:
"Señor, ayúdame a ser luz en mi comunidad. Quiero que mis acciones reflejen tu amor y tu gloria. Amén."

Pregunta de reflexión:
¿De qué manera puedes ser luz en la vida de alguien hoy?

Acción práctica:
Busca una oportunidad para ayudar a alguien hoy, ya sea a través de un servicio voluntario o simplemente apoyando a un amigo.

Espacio para anotaciones personales:

Marzo: Día 7 - 1 Tesalonicenses 5:18
"Den gracias en toda situación, porque esta es la voluntad de
Dios para ustedes en Cristo Jesús."

Ser agradecidos en todas las circunstancias nos ayuda a
reconocer la bondad de Dios en nuestras vidas. La gratitud nos
permite ver lo positivo incluso en las pruebas y nos acerca más a
Su corazón. Hoy, toma un momento para reflexionar sobre las
bendiciones que tienes y agradece a Dios por ellas.

Oración diaria:
"Señor, gracias por todas las bendiciones en mi vida. Ayúdame a
ser agradecido en todo momento. Amén."

Pregunta de reflexión:
¿Hay áreas en tu vida donde te sientes fatigado y necesitas la
renovación de Dios?

Acción práctica:
Tómate un tiempo hoy para descansar y reflexionar, buscando
la presencia de Dios en la quietud.

Espacio para anotaciones personales:

Marzo: Día 8 – Colosenses 3:2
"Poned la mira en las cosas de arriba, no en las de la tierra."

Este versículo nos recuerda la importancia de fijar nuestra atención en lo eterno. En medio de las distracciones diarias, es fácil perder de vista lo que realmente importa. Las historias de personas que han hecho cambios significativos en sus vidas al priorizar su relación con Dios sobre las preocupaciones mundanas son inspiradoras y alentadoras.

Oración diaria:
"Señor, ayúdame a fijar mis pensamientos en las cosas de arriba. Quiero vivir con una perspectiva eterna. Amén."

Pregunta de reflexión:
¿Qué distracciones terrenales están impidiendo que mires hacia lo eterno?

Acción práctica:
Dedica un momento a meditar sobre la eternidad y lo que significa para tu vida diaria.

Espacio para anotaciones personales:

Marzo: Día 9 - Gálatas 6:9
"Y no nos cansemos de hacer bien; porque a su tiempo segaremos, si no desmayamos."

Este versículo nos anima a perseverar en hacer el bien, recordándonos que nuestras acciones tienen un impacto y que el tiempo de cosecha llegará. En la actualidad, es fácil desanimarse cuando los resultados no son inmediatos. Muchas historias de activistas y voluntarios muestran cómo su perseverancia en el bien ha producido cambios significativos a lo largo del tiempo, aunque no siempre recibieron reconocimiento inmediato.

Oración diaria:
"Señor, dame la fuerza para seguir haciendo el bien, incluso cuando no vea resultados inmediatos. Confío en que mi labor tiene un propósito. Amén."

Pregunta de reflexión:
¿Hay áreas en tu vida donde te sientes tentado a rendirte en hacer el bien?

Acción práctica:
Identifica una causa o persona que necesite apoyo y comprometete a ayudarles, ya sea a través de tu tiempo, recursos o ánimo.

Espacio para anotaciones personales:

Marzo: Día 10 - Filipenses 4:6-7
"Por nada estéis afanosos, sino sean conocidas vuestras peticiones delante de Dios en toda oración y ruego, con acción de gracias. Y la paz de Dios, que sobrepasa todo entendimiento, guardará vuestros corazones y vuestros pensamientos en Cristo Jesús."

Este pasaje nos recuerda la importancia de llevar nuestras preocupaciones a Dios. En un mundo que parece estar en constante crisis, este versículo ofrece un bálsamo de paz. Muchas personas han encontrado alivio en la oración, compartiendo testimonios sobre cómo su fe les ha ayudado a enfrentar la ansiedad y el estrés, experimentando la paz que solo Dios puede ofrecer.

Oración diaria:
"Señor, te entrego mis preocupaciones. Gracias por tu promesa de paz en medio de la tormenta. Amén."

Pregunta de reflexión:
¿Hay algo que te preocupa en este momento que necesitas llevar a Dios en oración?

Acción práctica:
Haz una lista de tus preocupaciones y ora sobre cada una de ellas, entregándoselas a Dios.

Espacio para anotaciones personales:

Marzo: Día 11 – Salmos 37:4

"Deléitate asimismo en Jehová, y él te concederá las peticiones de tu corazón."

Este versículo nos invita a encontrar gozo en Dios y promete que Él cumplirá nuestros deseos. Sin embargo, esta deleitación no se trata solo de obtener lo que queremos, sino de alinear nuestros deseos con los de Dios. Las historias de aquellos que han buscado a Dios primero y han visto sus sueños cumplidos de maneras inesperadas son testimonios poderosos de Su fidelidad.

Oración diaria:
"Señor, hoy elijo deleitarme en Ti. Gracias por las promesas que tienes para mí. Amén."

Pregunta de reflexión:
¿Cómo puedes buscar la alegría en Dios en lugar de en las cosas materiales o temporales?

Acción práctica:
Dedica tiempo a actividades que te acerquen a Dios, como leer la Biblia, escuchar música de adoración o pasar tiempo en la naturaleza.

Espacio para anotaciones personales:

Marzo: Día 12 - Proverbios 3:5-6
"Confía en Jehová con todo tu corazón, y no te apoyes en tu propia prudencia. Reconócelo en todos tus caminos, y él enderezará tus veredas."

Este versículo es un recordatorio poderoso sobre la confianza en Dios. En una sociedad que valora la autosuficiencia, este llamado a reconocer a Dios en todas nuestras decisiones es fundamental. Hay innumerables historias de personas que han visto a Dios guiar sus caminos cuando han puesto su confianza en Él, incluso en momentos de incertidumbre.

Oración diaria:
"Señor, ayúdame a confiar en ti en cada área de mi vida. Quiero seguir tus caminos y no los míos. Amén."

Pregunta de reflexión:
¿Hay decisiones en las que necesitas confiar más en Dios y menos en tu propio entendimiento?

Acción práctica:
Tómate un momento para orar sobre una decisión importante en tu vida, pidiendo claridad y dirección.

Espacio para anotaciones personales:

Marzo: Día 13 - Efesios 4:32

"Antes sed benignos unos con otros, misericordiosos, perdonándoos unos a otros, como Dios también os perdonó a vosotros en Cristo."

Este versículo nos exhorta a ser compasivos y perdonadores. En un mundo donde el resentimiento y la ira son comunes, el llamado al perdón puede ser un acto revolucionario. Historias de reconciliación en relaciones fracturadas destacan la libertad que el perdón puede traer, tanto para el que perdona como para el que es perdonado.

Oración diaria:
"Señor, dame un corazón perdonador. Ayúdame a mostrar misericordia a quienes me han herido. Amén."

Pregunta de reflexión:
¿Hay alguien a quien necesites perdonar o reconciliarte con?

Acción práctica:
Escribe una carta o mensaje a alguien que necesites perdonar, aunque no la envíes. Este ejercicio puede ayudarte a liberar el resentimiento.

Espacio para anotaciones personales:

Marzo: Día 14 - 1 Pedro 5:7
"Echando toda vuestra ansiedad sobre él, porque él tiene cuidado de vosotros."

Este versículo nos asegura que podemos entregar nuestras ansiedades a Dios. En tiempos de estrés y presión, recordar que Dios se preocupa por nosotros es reconfortante. Historias de personas que han entregado sus preocupaciones a Dios y han encontrado alivio son un testimonio del cuidado de Dios en nuestras vidas.

Oración diaria:
"Señor, hoy te entrego mis ansiedades. Gracias por cuidarme y por llevar mis cargas. Amén."

Pregunta de reflexión:
¿Qué preocupaciones te están agobiando que puedes entregar a Dios hoy?

Acción práctica:
Haz una actividad que te ayude a liberar el estrés, como practicar la meditación o salir a caminar mientras oras.

Espacio para anotaciones personales:

Marzo: Día 15 - Mateo 6:33
"Mas buscad primeramente el reino de Dios y su justicia, y todas estas cosas os serán añadidas."

Este versículo nos llama a priorizar nuestra relación con Dios por encima de nuestras preocupaciones materiales. En un mundo consumista, la idea de buscar primero el reino de Dios puede parecer contracultural. Testimonios de personas que han experimentado abundancia al priorizar a Dios sobre sus deseos materiales son inspiradores.

Oración diaria:
"Señor, hoy elijo buscarte a Ti primero. Confío en que cuidarás de mis necesidades. Amén."

Pregunta de reflexión:
¿Hay cosas que estás buscando en lugar de a Dios?

Acción práctica:
Dedica tiempo en oración para preguntarle a Dios cómo puedes buscarlo más en tu vida diaria.

Espacio para anotaciones personales:

Marzo: Día 16 – Jeremías 29:11
"Porque yo sé los planes que tengo para ustedes, dice el Señor, planes de bienestar y no de calamidad, para darles un futuro y una esperanza."

Dios tiene un propósito específico para cada uno de nosotros. Al vivir intencionalmente, podemos cumplir el destino que Él ha preparado. Hoy, busca entender más acerca de tu propósito y cómo puedes actuar en consecuencia.

Oración diaria:
"Señor, muéstrame el propósito que tienes para mí y dame la sabiduría para seguirlo. Amén."

Pregunta de reflexión:
¿Hay alguna área en tu vida donde necesites experimentar la provisión de Dios?

Acción práctica:
Escribe sobre una vez que experimentaste la provisión de Dios en tu vida y agradece por ello.

Espacio para anotaciones personales:

Marzo: Día 17 - Romanos 8:28

"Y sabemos que a los que aman a Dios, todas las cosas les ayudan a bien, esto es, a los que conforme a su propósito son llamados."

Este versículo nos recuerda que, aunque las circunstancias de la vida puedan ser difíciles, Dios tiene un propósito en todo lo que nos sucede. Para aquellos que lo aman, incluso las experiencias dolorosas pueden transformarse en oportunidades para crecer y aprender. Hay testimonios de personas que han enfrentado tragedias y, a través de ellas, han encontrado un nuevo propósito y dirección en sus vidas.

Oración diaria:
"Señor, gracias por el propósito que tienes para mí, incluso en medio de las dificultades. Ayúdame a confiar en que todo sucede para mi bien. Amén."

Pregunta de reflexión:
¿Puedes recordar un momento difícil que eventualmente trajo un resultado positivo en tu vida?

Acción práctica:
Reflexiona sobre una dificultad actual y escribe cómo puedes ver a Dios obrando en esa situación.

Espacio para anotaciones personales:

Marzo: Día 18 – Salmos 46:1
"Dios es nuestro refugio y fortaleza, nuestro pronto auxilio en las tribulaciones."

Este pasaje es un recordatorio de que Dios está presente en los momentos de crisis. Nos ofrece refugio y fortaleza cuando nos sentimos abrumados. Muchas personas han encontrado consuelo en Dios durante momentos de desesperación, testificando que su presencia y ayuda fueron evidentes en sus tiempos de necesidad.

Oración diaria:
"Señor, en mis momentos de tribulación, ayúdame a encontrar refugio en Ti. Gracias por ser mi fortaleza. Amén."

Pregunta de reflexión:
¿Hay momentos recientes en los que has sentido la necesidad de refugiarte en Dios?

Acción práctica:
Escribe un versículo o una frase que te recuerde que Dios es tu refugio y colócalo en un lugar visible.

Espacio para anotaciones personales:

"De modo que si alguno está en Cristo, nueva criatura es; las cosas viejas pasaron; he aquí, todas son hechas nuevas."

Este versículo habla de la transformación que ocurre al aceptar a Cristo. La fe en Jesús no solo nos perdona, sino que nos renueva y nos da una nueva identidad. Muchos han experimentado cambios significativos en sus vidas, dejando atrás viejas costumbres y abrazando un nuevo camino con propósito y esperanza.

Oración diaria:
"Señor, gracias por hacerme una nueva criatura en Cristo. Ayúdame a vivir en esa nueva identidad. Amén."

Pregunta de reflexión:
¿Hay aspectos de tu vida que necesitas dejar atrás para abrazar la nueva vida en Cristo?

Acción práctica:
Identifica un hábito o pensamiento negativo que necesitas dejar atrás y comprométete a reemplazarlo con una verdad de la Palabra de Dios.

Espacio para anotaciones personales:

Marzo: Día 20 - Proverbios 16:3
"Encomienda a Jehová tus obras, y tus pensamientos serán afirmados."

Este versículo destaca la importancia de dedicar nuestras acciones a Dios. Al hacerlo, podemos confiar en que nuestros planes se alinearán con Su voluntad. Muchas personas han experimentado claridad y dirección al encomendar sus decisiones a Dios, viendo cómo sus pensamientos y planes se alinean con los de Él.

Oración diaria:
"Señor, te encomiendo mis planes y decisiones. Guía mis pensamientos y acciones para que estén en línea con Tu voluntad. Amén."

Pregunta de reflexión:
¿Hay alguna área de tu vida que necesitas encomendar a Dios para recibir Su dirección?

Acción práctica:
Escribe una lista de tus metas y planes y ora sobre cada uno, pidiendo a Dios que los guíe y los afirme.

Espacio para anotaciones personales:

Marzo: Día 21 - Santiago 1:5

"Y si alguno de vosotros tiene falta de sabiduría, pídala a Dios, el cual da a todos abundantemente y sin reproche, y le será dada."

Este versículo nos invita a buscar sabiduría divina en lugar de confiar solo en nuestro entendimiento. En un mundo lleno de decisiones complejas, es reconfortante saber que Dios está dispuesto a darnos la sabiduría que necesitamos. Muchos han encontrado claridad en momentos de confusión al buscar la guía de Dios.

Oración diaria:
"Señor, hoy te pido sabiduría para las decisiones que debo tomar. Gracias por estar dispuesto a guiarme. Amén."

Pregunta de reflexión:
¿Hay una decisión que enfrentas en la que necesitas más sabiduría de Dios?

Acción práctica:
Tómate un momento para orar específicamente por sabiduría en una situación actual y escucha atentamente cualquier respuesta que Dios pueda darte.

Espacio para anotaciones personales:

Marzo: Día 22 - 1 Juan 4:19
"Nosotros amamos porque él nos amó primero."

Este versículo nos recuerda que nuestro amor hacia los demás es una respuesta al amor que hemos recibido de Dios. En un mundo donde a menudo se espera que demos sin recibir, este pasaje resalta la importancia de entender y experimentar el amor de Dios como la base de nuestras relaciones. Muchos han experimentado un cambio en sus interacciones al recordar que su capacidad de amar proviene de la fuente de amor infinito.

Oración diaria:
"Señor, gracias por amarme incondicionalmente. Ayúdame a compartir ese amor con los demás. Amén."

Pregunta de reflexión:
¿Hay alguien en tu vida a quien te cueste amar y que necesites ver desde la perspectiva del amor de Dios?

Acción práctica:
Haz algo amable por alguien hoy como una expresión del amor de Dios hacia ellos.

Espacio para anotaciones personales:

Marzo: Día 23 - Efesios 6:10
"Por lo demás, hermanos míos, fortaleceos en el Señor, y en el poder de su fuerza."

Este versículo nos recuerda que nuestra fortaleza proviene de Dios. En un mundo que a menudo nos desafía, es esencial recordar que no estamos solos y que podemos apoyarnos en Su poder. Muchos han encontrado la fuerza para superar adversidades al confiar en Dios en lugar de en sus propias fuerzas.

Oración diaria:
"Señor, hoy busco tu fortaleza. Ayúdame a enfrentar los desafíos con la confianza de que Tú estás conmigo. Amén."

Pregunta de reflexión:
¿En qué áreas de tu vida necesitas más fortaleza y poder de Dios?

Acción práctica:
Dedica tiempo a meditar en la Palabra de Dios y deja que Su verdad te fortalezca.

Espacio para anotaciones personales:

Marzo: Día 24 - Mateo 5:9
"Bienaventurados los que trabajan por la paz, porque serán llamados hijos de Dios."

Ser un instrumento de paz significa llevar la armonía y el amor de Dios a nuestro entorno. Hoy, busca maneras de fomentar la paz en tus relaciones y en tu comunidad. Tu contribución puede marcar la diferencia.

Oración diaria:
"Señor, ayúdame a ser un instrumento de Tu paz y a llevar amor y unidad donde quiera que vaya. Amén."

Pregunta de reflexión:
¿Estás dedicando tiempo suficiente a la lectura y meditación de la Palabra de Dios?

Acción práctica:
Establece un plan para leer la Biblia diariamente y meditar en un versículo específico.

Espacio para anotaciones personales:

Marzo: Día 25 - Romanos 12:2

"No os conforméis a este siglo, sino transformaos por medio de la renovación de vuestro entendimiento, para que comprobéis cuál sea la buena voluntad de Dios, agradable y perfecta."

Este versículo nos insta a no dejarnos llevar por las corrientes de la cultura actual, sino a renovar nuestra mente a través de la Palabra de Dios. A medida que buscamos Su voluntad, podemos discernir lo que es verdaderamente bueno y perfecto. Muchas personas han experimentado cambios positivos en su vida al enfocarse en lo que Dios dice y alejarse de las presiones externas.

Oración diaria:
"Señor, ayúdame a renovar mi mente y a no conformarme a los estándares de este mundo. Que Tu voluntad sea mi guía. Amén."

Pregunta de reflexión:
¿Hay áreas de tu vida donde sientes que te has conformado a las expectativas del mundo en lugar de seguir a Dios?

Acción práctica:
Identifica un área de tu vida en la que necesites renovarte y escribe un plan de acción para enfocarte en la perspectiva de Dios.

Espacio para anotaciones personales:

Marzo: Día 26 – Filipenses 4:13
"Todo lo puedo en Cristo que me fortalece."

Este poderoso versículo nos recuerda que nuestra fuerza proviene de Cristo. No importa cuán difíciles sean las circunstancias, podemos enfrentar cualquier desafío con Su ayuda. Muchas personas han testificado sobre la fuerza sobrenatural que han recibido al depender de Cristo en tiempos de dificultad.

Oración diaria:
"Señor, gracias por ser mi fuente de fortaleza. Ayúdame a recordar que puedo hacer frente a cualquier desafío a través de Ti. Amén."

Pregunta de reflexión:
¿Hay un desafío que sientes que es insuperable, pero que necesitas llevar a los pies de Cristo?

Acción práctica:
Escribe una lista de tus preocupaciones y luego pídele a Dios que te fortalezca en cada una de ellas.

Espacio para anotaciones personales:

Marzo: Día 27 - Salmos 37:4
"Deléitate a sí mismo en Jehová, y él te concederá las peticiones de tu corazón."

Este versículo nos invita a encontrar alegría en nuestra relación con Dios. Cuando nos deleitamos en Él, nuestras peticiones se alinean con Su voluntad. Esto nos recuerda que, al centrarnos en Dios y Su propósito, nuestras prioridades cambian y nuestras solicitudes se convierten en un reflejo de Su corazón.

Oración diaria:
"Señor, ayúdame a encontrar mi deleite en Ti. Que mis deseos sean conformes a Tu voluntad. Amén."

Pregunta de reflexión:
¿Te estás deleitando en la presencia de Dios y buscando Su voluntad antes de hacer tus peticiones?

Acción práctica:
Dedica tiempo hoy para adorar a Dios y agradecerle por Su bondad, en lugar de simplemente pedirle cosas.

Espacio para anotaciones personales:

Marzo: Día 28 - Proverbios 3:5-6
"Confía en Jehová con todo tu corazón, y no te apoyes en tu propia prudencia. Reconócelo en todos tus caminos, y él enderezará tus veredas."

Este pasaje nos exhorta a confiar en Dios en lugar de depender de nuestra propia sabiduría. En un mundo que valora la autosuficiencia, este versículo nos recuerda que la verdadera dirección viene de reconocer a Dios en cada paso que damos. Muchas personas han experimentado la paz que proviene de entregar sus planes a Dios y confiar en Su guía.

Oración diaria:
"Señor, hoy elijo confiar en Ti y no en mi propio entendimiento. Guía mis pasos y endereza mis caminos. Amén."

Pregunta de reflexión:
¿Hay una decisión en tu vida en la que sientes que necesitas dejar de lado tu propia sabiduría y confiar en Dios?

Acción práctica:
Toma un tiempo de silencio para escuchar la voz de Dios sobre una decisión que enfrentas. Anota cualquier impresión que sientas.

Espacio para anotaciones personales:

Marzo: Día 29 - Habacuc 2:4
"Pero el justo por su fe vivirá."

La fe en Dios nos fortalece en tiempos de prueba. Al poner nuestra confianza en Él, encontramos el valor para enfrentar cualquier desafío. Hoy, reflexiona sobre cómo tu fe te ha sostenido en momentos difíciles y busca fortalecerla aún más.

Oración diaria:
"Señor, aumenta mi fe y ayúdame a encontrar fortaleza en Ti en cada situación que enfrente. Amén."

Pregunta de reflexión:
¿Hay áreas en tu vida donde sientes falta y necesitas confiar en la provisión de Dios?

Acción práctica:
Escribe tres cosas por las que estás agradecido y reconoce cómo Dios ha provisto para ti en el pasado.

Espacio para anotaciones personales:

"Mas el fruto del Espíritu es amor, gozo, paz, paciencia, benignidad, bondad, fe, mansedumbre, templanza; contra tales cosas no hay ley."

Este versículo describe las cualidades que el Espíritu Santo produce en nosotros cuando nos rendimos a Él. Estas virtudes son un reflejo del carácter de Cristo y nos ayudan a vivir en armonía con los demás. Al cultivar estas actitudes, podemos experimentar una vida llena de paz y propósito, y ser un testimonio del amor de Dios en el mundo.

Oración diaria:
"Señor, ayúdame a cultivar el fruto del Espíritu en mi vida. Que mi carácter refleje Tu amor y bondad. Amén."

Pregunta de reflexión:
¿Cuál de estos frutos del Espíritu necesitas cultivar más en tu vida en este momento?

Acción práctica:
Elige un fruto del Espíritu para concentrarte esta semana y busca oportunidades para practicarlo en tus interacciones diarias.

Espacio para anotaciones personales:

Marzo: Día 31 - Efesios 2:8-9

"Porque por gracia sois salvos por medio de la fe; y esto no de vosotros, pues es don de Dios; no por obras, para que nadie se gloríe."

Este versículo nos recuerda que la salvación es un regalo de Dios, no algo que podemos ganar. Al comprender la profundidad de esta gracia, podemos vivir con gratitud y humildad, reconociendo que nuestra relación con Dios no se basa en nuestros méritos, sino en Su amor incondicional. Esta verdad puede transformar la forma en que vemos nuestras acciones y nuestra relación con los demás.

Oración diaria:
"Señor, gracias por la gracia que me has dado. Ayúdame a vivir en la libertad que viene de ser salvado por Ti. Amén."

Pregunta de reflexión:
¿Te sientes a veces presionado a 'ganar' el amor y la aceptación de Dios a través de tus obras?

Acción práctica:
Dedica un momento para reflexionar sobre el regalo de la gracia y cómo puedes mostrar gratitud en tu vida diaria.

Espacio para anotaciones personales:

Abril: Día 1 – Isaías 40:31
"Pero los que esperan a Jehová tendrán nuevas fuerzas; levantarán alas como las águilas; correrán, y no se cansarán; caminarán, y no se fatigarán."

Este versículo nos recuerda la importancia de esperar en Dios. En un mundo que valora la rapidez y la inmediatez, este pasaje nos ofrece la promesa de renovación y fuerza cuando ponemos nuestra confianza en Él. Muchas personas han encontrado en la oración y la meditación en la Palabra de Dios el poder para superar desafíos y encontrar paz en medio de la adversidad.

Oración diaria:
"Señor, ayúdame a esperar en Ti y a encontrar en Tu presencia la fuerza que necesito. Amén."

Pregunta de reflexión:
¿Hay áreas de tu vida donde sientes que necesitas renovar tus fuerzas esperando en Dios?

Acción práctica:
Dedica unos minutos para orar y meditar en la promesa de este versículo, pidiendo a Dios que te renueve.

Espacio para anotaciones personales:

Abril: Día 2 - 1 Pedro 1:3

"Bendito sea el Dios y Padre de nuestro Señor Jesucristo, que según su grande misericordia nos hizo renacer para una esperanza viva."

En un mundo lleno de incertidumbre, nuestra verdadera esperanza se encuentra en Cristo. Él nos ofrece una esperanza viva que transforma nuestras vidas y nos da un propósito. Hoy, medita sobre las áreas de tu vida donde necesitas renovar tu esperanza.

Oración diaria:
"Señor, renueva mi esperanza en Ti y ayúdame a confiar en Tu plan para mi vida. Amén."

Pregunta de reflexión:
¿Estás dedicando tiempo suficiente a la lectura y meditación de la Palabra de Dios en tu vida?

Acción práctica:
Hoy, selecciona un versículo que te hable y medítalo durante el día, buscando cómo aplicarlo a tu vida.

Espacio para anotaciones personales:

Abril: Día 3 - Proverbios 16:3
"Encomienda a Jehová tus obras, y tus pensamientos serán afirmados."

Este versículo nos anima a presentar nuestros planes a Dios, confiando en que Él afirmará nuestras ideas y nos guiará en la dirección correcta. Cuando alineamos nuestros objetivos con Su voluntad, podemos experimentar una paz que trasciende las circunstancias. Muchas personas han encontrado éxito y satisfacción al confiar sus proyectos a Dios.

Oración diaria:
"Señor, encomiendo mis planes a Ti. Dirige mis pasos y confirma mis pensamientos. Amén."

Pregunta de reflexión:
¿Tienes un proyecto o sueño que necesitas presentar a Dios y confiar en Su guía?

Acción práctica:
Haz una lista de tus planes y pídele a Dios que te dé dirección en cada uno de ellos.

Espacio para anotaciones personales:

Abril: Día 4 - Mateo 11:28-30

"Venid a mí todos los que estáis trabajados y cargados, y yo os haré descansar. Llevad mi yugo sobre vosotros, y aprended de mí, que soy manso y humilde de corazón; y hallaréis descanso para vuestras almas. Porque mi yugo es fácil, y ligera mi carga."

Este pasaje nos invita a llevar nuestras cargas a Jesús, quien nos ofrece descanso y alivio. En un mundo que a menudo se siente abrumador, podemos encontrar consuelo en esta invitación. Muchas personas han experimentado un cambio significativo en su bienestar emocional y espiritual al aprender a entregar sus preocupaciones a Dios.

Oración diaria:
"Señor, te traigo mis cargas y preocupaciones. Gracias por ofrecerme descanso. Amén."

Pregunta de reflexión:
¿Hay algo que te está pesando y que necesitas entregar a Jesús hoy?

Acción práctica:
Toma un tiempo para escribir tus preocupaciones y luego ora, entregándoselas a Dios.

Espacio para anotaciones personales:

Abril: Día 5 - Lamentaciones 3:22-23
"Las misericordias de Jehová son nuevas cada mañana; grande es su fidelidad."

La misericordia de Dios es un regalo diario. Nos ofrece una nueva oportunidad para comenzar de nuevo y experimentar Su amor incondicional. Hoy, agradece a Dios por Su misericordia y busca maneras de ser misericordioso con los demás.

Oración diaria:
"Señor, gracias por Tu misericordia infinita. Ayúdame a extender esa misericordia a quienes me rodean. Amén."

Pregunta de reflexión:
¿Cómo has experimentado a Dios como tu fortaleza en tiempos difíciles?

Acción práctica:
Escribe una experiencia en la que Dios te haya ayudado en una situación difícil y agradece por ello.

Espacio para anotaciones personales:

Abril: Día 6 - Gálatas 6:9

"Y no nos cansemos de hacer bien; porque a su tiempo cosecharemos, si no desmayamos."

Este versículo nos anima a perseverar en hacer el bien, incluso cuando los resultados no son inmediatos. En un mundo que a menudo se siente injusto, podemos confiar en que nuestros esfuerzos serán recompensados a su debido tiempo. Muchos han descubierto que, aunque el camino puede ser difícil, la perseverancia en el bien trae recompensas inesperadas.

Oración diaria:
"Señor, dame la fuerza para seguir haciendo el bien, incluso cuando no vea resultados inmediatos. Amén."

Pregunta de reflexión:
¿Te has sentido desanimado en tu esfuerzo por hacer el bien? ¿Cómo puedes mantenerte motivado?

Acción práctica:
Identifica una manera de hacer el bien hoy, sin esperar nada a cambio.

Espacio para anotaciones personales:

Abril: Día 7 - Romanos 8:28
"Y sabemos que a los que aman a Dios, todas las cosas les ayudan a bien."

Este versículo nos ofrece la esperanza de que, incluso en las dificultades, Dios está trabajando para nuestro bien. Al confiar en Su amor, podemos ver nuestras circunstancias desde una nueva perspectiva. Muchos han encontrado consuelo en esta promesa durante momentos de sufrimiento y confusión.

Oración diaria:
"Señor, gracias por tu promesa de que todo trabaja para bien. Ayúdame a confiar en Ti en cada situación. Amén."

Pregunta de reflexión:
¿Hay una experiencia en tu vida que te parezca difícil de entender, pero que necesitas confiar en que Dios la está usando para bien?

Acción práctica:
Hoy, reflexiona sobre una dificultad pasada y cómo Dios la ha utilizado para tu crecimiento.

Espacio para anotaciones personales:

Abril: Día 8 - Salmos 139:14
"Te alabaré; porque formidables, maravillosas son tus obras; estoy maravillado, y mi alma lo sabe muy bien."

Este versículo nos recuerda que somos creados de manera maravillosa y única por Dios. A veces, podemos ser nuestros críticos más duros, olvidando que somos obras maestras de Su creación. Al reconocer nuestra identidad en Cristo, podemos vernos a nosotros mismos a través de Sus ojos.

Oración diaria:
"Señor, gracias por crearme de manera maravillosa. Ayúdame a ver mi valor en Ti. Amén."

Pregunta de reflexión:
¿Te has sentido menospreciado o inseguro en tu identidad? ¿Cómo puedes recordar que eres una creación especial de Dios?

Acción práctica:
Mira en un espejo y repite una afirmación positiva sobre ti, recordando que eres una obra maestra de Dios.

Espacio para anotaciones personales:

Abril: Día 9 - Efesios 4:32
"Antes sed benignos unos con otros, misericordiosos, perdonándoos unos a otros, como Dios también os perdonó en Cristo."

Este versículo nos llama a practicar la bondad y el perdón, siguiendo el ejemplo de Cristo. En un mundo donde el resentimiento puede ser común, elegir la misericordia puede transformar nuestras relaciones y comunidades. Historias de reconciliación, como la de familias separadas que eligen perdonarse, muestran el poder del amor y la compasión en nuestras vidas.

Oración diaria:
"Señor, dame un corazón bondadoso y perdonador. Ayúdame a mostrar misericordia a los demás como Tú me has mostrado. Amén."

Pregunta de reflexión:
¿Hay alguien a quien necesitas perdonar en tu vida? ¿Qué pasos puedes dar para mostrarle bondad?

Acción práctica:
Identifica una pequeña acción que puedes hacer hoy para mostrar bondad a alguien en tu vida.

Espacio para anotaciones personales:

Abril: Día 10 - 1 Pedro 5:7
"Echando toda vuestra ansiedad sobre él, porque él tiene cuidado de vosotros."

Este versículo nos invita a confiar en el cuidado de Dios, entregando nuestras preocupaciones a Él. En un mundo lleno de estrés y ansiedad, esta promesa nos recuerda que no estamos solos y que Dios se preocupa profundamente por nosotros. Muchas personas han encontrado alivio al practicar la entrega de sus ansiedades a Dios a través de la oración.

Oración diaria:
"Señor, te entrego mis ansiedades y preocupaciones. Gracias por cuidar de mí. Amén."

Pregunta de reflexión:
¿Qué ansiedades sientes que te están agobiando en este momento? ¿Cómo puedes entregárselas a Dios?

Acción práctica:
Escribe tus ansiedades y luego quémalas o destrúyelas como un símbolo de entrega a Dios.

Espacio para anotaciones personales:

Abril: Día 11 - Salmos 37:4
"Deléitate a sí mismo en Jehová, y él te concederá las peticiones de tu corazón."

Este versículo nos enseña que al deleitarnos en la presencia de Dios y buscar Su voluntad, nuestras propias peticiones se alinearán con lo que Él desea para nosotros. Al encontrar alegría en nuestra relación con Él, nuestras prioridades y deseos comienzan a cambiar. Muchas personas han experimentado respuestas a sus oraciones al poner a Dios en el centro de sus vidas.

Oración diaria:
"Señor, ayúdame a deleitarme en Ti y a buscar lo que es verdaderamente importante. Amén."

Pregunta de reflexión:
¿Te sientes satisfecho en tu relación con Dios? ¿Qué pasos puedes dar para profundizar esa relación?

Acción práctica:
Dedica tiempo hoy a adorar a Dios, ya sea a través de la música, la oración o la lectura de Su Palabra.

Espacio para anotaciones personales:

Abril: Día 12 – Romanos 12:2

"No os conforméis a este siglo, sino transformaos por medio de la renovación de vuestro entendimiento, para que comprobéis cuál sea la buena voluntad de Dios, agradable y perfecta."

Este versículo nos desafía a no conformarnos a los valores del mundo, sino a permitir que Dios renueve nuestra mente. En una cultura que a menudo promueve el egoísmo y la superficialidad, elegir vivir de acuerdo con la voluntad de Dios puede ser un acto de valentía. Muchos han encontrado libertad al dejar de lado las expectativas del mundo y seguir el camino de Dios.

Oración diaria:
"Señor, transforma mi mente y mi corazón para que pueda vivir según Tu voluntad. Amén."

Pregunta de reflexión:
¿Hay áreas de tu vida donde sientes la presión de conformarte al mundo? ¿Cómo puedes resistir esa presión?

Acción práctica:
Hoy, identifica un aspecto de tu vida donde puedes hacer un cambio hacia lo que Dios desea.

Espacio para anotaciones personales:

Abril: Día 13 - Juan 14:15
"Si me amáis, guardad mis mandamientos."

La verdadera obediencia nace de un corazón que ama a Dios. Cuando obedecemos Sus mandamientos, demostramos nuestra devoción y confianza en Él. Reflexiona hoy sobre cómo puedes vivir en obediencia y amor hacia Dios.

Oración diaria:
"Señor, ayúdame a obedecerte con un corazón lleno de amor. Quiero honrarte con mis acciones. Amén."

Pregunta de reflexión:
¿Qué desafíos enfrentas actualmente que te hacen sentir débil? ¿Cómo puedes recordar el poder de Cristo en esos momentos?

Acción práctica:
Escribe una lista de cosas que deseas lograr y ora pidiendo fortaleza para cada una.

Espacio para anotaciones personales:

Abril: Día 14 - 2 Corintios 5:17

"De modo que si alguno está en Cristo, nueva criatura es; las cosas viejas pasaron; he aquí, todas son hechas nuevas."

Este versículo nos asegura que, en Cristo, podemos comenzar de nuevo. Las viejas heridas y fracasos no tienen por qué definirnos. Al aceptar a Cristo, nos convertimos en nuevas criaturas, capaces de vivir con esperanza y propósito. Muchas personas han experimentado una transformación radical en sus vidas al abrazar esta verdad.

Oración diaria:
"Señor, gracias por darme una nueva vida en Cristo. Ayúdame a vivir plenamente en esa nueva identidad. Amén."

Pregunta de reflexión:
¿Hay algo de tu pasado que te está impidiendo avanzar? ¿Cómo puedes recordar que eres una nueva creación en Cristo?

Acción práctica:
Identifica un área de tu vida donde necesitas un nuevo comienzo y ora pidiendo la ayuda de Dios para dar ese paso.

Espacio para anotaciones personales:

Abril: Día 15 – Colosenses 3:23
"Y todo lo que hagáis, hacedlo de corazón, como para el Señor y no para los hombres."

Este versículo nos recuerda que nuestro trabajo y esfuerzos deben hacerse con dedicación y como un acto de adoración a Dios. Cuando hacemos las cosas para complacer a Dios, encontramos propósito en nuestras tareas diarias. Muchos han experimentado satisfacción al trabajar con esta mentalidad, recordando que todo lo que hacen es importante.

Oración diaria:
"Señor, ayúdame a hacer todo lo que hago como para Ti. Que mi trabajo refleje mi amor por Ti. Amén."

Pregunta de reflexión:
¿Hay áreas de tu vida donde no sientes motivación? ¿Cómo puedes cambiar tu enfoque para hacer las cosas para Dios?

Acción práctica:
Hoy, realiza una tarea diaria como un acto de adoración, poniendo tu corazón en ello.

Espacio para anotaciones personales:

Abril: Día 16 – Santiago 1:3
"Sabed que la prueba de vuestra fe produce paciencia."

Las pruebas son oportunidades para fortalecer nuestra fe. Cuando enfrentamos dificultades, podemos encontrar consuelo y crecimiento en la confianza que tenemos en Dios. Hoy, recuerda que tus pruebas son temporales y que Dios está contigo.

Oración diaria:
"Señor, en medio de mis pruebas, dame la fe y la paciencia para seguir adelante. Ayúdame a confiar en Ti en todo momento. Amén."

Pregunta de reflexión:
¿Te sientes fatigado o perdido en este momento? ¿Cómo puedes buscar el descanso que Dios ofrece?

Acción práctica:
Dedica tiempo a un espacio tranquilo para meditar y orar, buscando la paz de Dios.

Espacio para anotaciones personales:

Abril: Día 17 – Mateo 5:14
"Vosotros sois la luz del mundo; una ciudad situada sobre un monte no se puede esconder."

Este versículo nos llama a ser luz en el mundo, reflejando el amor y la verdad de Dios en nuestras vidas. Como cristianos, somos llamados a brillar en medio de la oscuridad, ofreciendo esperanza y dirección a quienes nos rodean. Muchas personas han encontrado su propósito al vivir auténticamente, siendo un faro de luz para aquellos que enfrentan dificultades.

Oración diaria:
"Señor, ayúdame a ser una luz en mi comunidad y a reflejar Tu amor en todo lo que hago. Amén."

Pregunta de reflexión:
¿En qué áreas de tu vida puedes ser más consciente de tu papel como luz para otros? ¿Cómo puedes compartir el amor de Dios hoy?

Acción práctica:
Identifica a una persona que pueda necesitar ánimo y ofrécele tu apoyo o palabras de aliento.

Espacio para anotaciones personales:

Abril: Día 18 – Romanos 15:13

"Y el Dios de esperanza os llene de todo gozo y paz en el creer, para que abundéis en esperanza por el poder del Espíritu Santo."

Este versículo nos recuerda que Dios es la fuente de nuestra esperanza. A medida que creemos en Él, nos llena de gozo y paz. En tiempos difíciles, podemos recurrir a esta esperanza para mantenernos firmes. Muchas personas han testificado que su fe en Dios les ha proporcionado una paz inexplicable, incluso en medio de las tormentas de la vida.

Oración diaria:
"Señor, llena mi corazón de esperanza, gozo y paz mientras confío en Ti. Amén."

Pregunta de reflexión
¿Qué situaciones en tu vida te hacen sentir desesperanzado? ¿Cómo puedes recordar la esperanza que Dios ofrece?

Acción práctica:
Hoy, busca maneras de compartir esperanza con otros, ya sea a través de una conversación, un mensaje o un acto de bondad.

Espacio para anotaciones personales:

Abril: Día 19 – Gálatas 5:22-23

"Mas el fruto del Espíritu es amor, gozo, paz, paciencia, benignidad, bondad, fe, mansedumbre, templanza; contra tales cosas no hay ley."

Este pasaje describe las cualidades que el Espíritu Santo produce en nuestras vidas. Al permitir que el Espíritu obre en nosotros, comenzamos a exhibir estas características, impactando positivamente nuestras relaciones. Muchos han experimentado un cambio transformador al invitar al Espíritu Santo a guiarlos, viendo cómo estas virtudes florecen en sus corazones.

Oración diaria:
"Señor, ayuda a que el fruto de Tu Espíritu crezca en mi vida. Quiero reflejar Tu amor y bondad a los demás. Amén."

Pregunta de reflexión:
¿Hay un fruto del Espíritu que sientes que necesitas desarrollar más en tu vida? ¿Qué pasos puedes tomar para cultivarlo?

Acción práctica:
Elige un fruto del Espíritu y busca una forma de manifestarlo hoy, ya sea a través de actos de amor, paciencia o bondad.

Espacio para anotaciones personales:

Abril: Día 20 - Colosenses 3:23
"Y todo lo que hacéis, hacedlo de corazón, como para el Señor y no para los hombres."

Servir a los demás es una manera de expresar el amor de Dios. Cuando servimos con gozo, reflejamos Su carácter y luz al mundo. Hoy, busca oportunidades para servir y hazlo con un corazón agradecido.

Oración diaria:
"Señor, dame un corazón dispuesto a servir con alegría y amor. Quiero reflejar Tu luz a través de mis acciones. Amén."

Pregunta de reflexión:
¿Hay alguna situación en tu vida donde necesites el auxilio de Dios? ¿Cómo puedes acercarte a Él en ese momento?

Acción práctica:
Dedica un tiempo a la oración hoy, pidiendo a Dios que te brinde fortaleza en las áreas donde sientes debilidad.
Espacio para anotaciones personales:

Abril: Día 21 - Proverbios 3:5-6
"Confía en Jehová de todo tu corazón, y no te apoyes en tu propia prudencia. Reconócelo en todos tus caminos, y él enderezará tus veredas."

Este pasaje nos invita a confiar completamente en Dios, dejando de lado nuestra necesidad de control. Reconocer a Dios en cada aspecto de nuestras vidas permite que Él nos guíe por el camino correcto. Muchas personas han experimentado la paz y la claridad que vienen al confiar en Dios en lugar de en su propio entendimiento.

Oración diaria:
"Señor, ayúdame a confiar en Ti en todas las áreas de mi vida. Dame la sabiduría para reconocer Tu dirección. Amén."

Pregunta de reflexión:
¿Hay alguna decisión en tu vida donde necesitas más confianza en Dios? ¿Cómo puedes entregarle esa situación?

Acción práctica:
Haz una lista de áreas donde necesitas confiar más en Dios y ora por cada una de ellas.

Espacio para anotaciones personales:

Abril: Día 22 - Isaías 41:10

"No temas, porque yo estoy contigo; no desmayes, porque yo soy tu Dios que te esfuerzo; siempre te ayudaré; siempre te sustentaré con la diestra de mi justicia."

Este versículo es un recordatorio poderoso de que Dios está siempre presente, brindándonos fortaleza y apoyo. En momentos de miedo y ansiedad, podemos hallar consuelo en Su promesa de estar con nosotros. Muchos han sentido la mano de Dios sosteniéndolos durante tiempos difíciles, recordándoles que no están solos.

Oración diaria:
"Señor, gracias por estar siempre a mi lado. Ayúdame a recordar que no debo temer porque Tú eres mi Dios. Amén."

Pregunta de reflexión:
¿Hay algo que te esté causando miedo o ansiedad? ¿Cómo puedes recordar la presencia de Dios en esa situación?

Acción práctica:
Hoy, escribe un versículo que te dé ánimo y colócalo en un lugar visible para recordarte la presencia de Dios.

Espacio para anotaciones personales:

Abril: Día 23 - Filipenses 4:6-7

"Por nada estéis afanosos, sino sean conocidas vuestras peticiones delante de Dios en toda oración y ruego, con acción de gracias. Y la paz de Dios, que sobrepasa todo entendimiento, guardará vuestros corazones y vuestros pensamientos en Cristo Jesús."

Este pasaje nos invita a llevar nuestras preocupaciones a Dios, lo que nos permite experimentar Su paz en lugar de la ansiedad. Al orar con gratitud, podemos encontrar consuelo en medio de nuestras luchas. Muchas personas han experimentado un cambio notable en su perspectiva al entregar sus cargas a Dios.

Oración diaria:
"Señor, aquí están mis preocupaciones. Te pido que me des Tu paz y me ayudes a confiar en Ti. Amén."

Pregunta de reflexión:
¿Hay algo que te preocupa en este momento? ¿Cómo puedes entregárselo a Dios en oración?

Acción práctica:
Dedica un tiempo a la oración y anota tus peticiones, asegurándote de incluir gratitud por lo que Dios ya ha hecho en tu vida.

Espacio para anotaciones personales:

Abril: Día 24 - 1 Corintios 16:14
"Todas vuestras cosas sean hechas con amor."

Este versículo nos recuerda que nuestras acciones deben estar motivadas por el amor. Al enfocarnos en el amor en todo lo que hacemos, transformamos nuestras interacciones y actividades. Muchas personas han encontrado que vivir con amor trae alegría y paz, tanto a sus vidas como a las de los demás.

Oración diaria:
"Señor, ayúdame a actuar con amor en todas mis interacciones y decisiones. Que mi vida refleje Tu amor. Amén."

Pregunta de reflexión:
¿Hay áreas en tu vida donde podrías ser más amoroso? ¿Qué puedes hacer hoy para mostrar amor a los demás?

Acción práctica:
Realiza un acto de amor al azar hacia alguien, ya sea un elogio, una sonrisa o un gesto amable.

Espacio para anotaciones personales:

Abril: Día 25 – Salmos 37:4
"Deléitate asimismo en Jehová, y él te concederá las peticiones de tu corazón."

Este versículo nos anima a encontrar alegría en nuestra relación con Dios. Cuando nos deleitamos en Él, nuestras prioridades se alinean con las Suas, y nuestras peticiones se vuelven parte de Su plan. Muchas personas han experimentado que al buscar a Dios, sus deseos y anhelos se transforman, llevándolos a una vida más plena y satisfactoria.

Oración diaria:
"Señor, ayúdame a deleitarme en Ti y a confiar en que cumplirás los deseos de mi corazón conforme a Tu voluntad. Amén."

Pregunta de reflexión:
¿Qué significa para ti deleitarte en Dios? ¿Cómo puedes hacerlo más en tu vida diaria?

Acción práctica:
Dedica un tiempo hoy para alabar a Dios y expresar tu gratitud, enfocándote en Su bondad y fidelidad.

Espacio para anotaciones personales:

Abril: Día 26 - Efesios 4:32

"Antes sed bondadosos unos con otros, misericordiosos, perdonándoos unos a otros, como Dios también os perdonó a vosotros en Cristo."

Este versículo nos llama a practicar la bondad y la misericordia entre nosotros. El perdón es esencial para mantener relaciones saludables y libres de rencor. Muchas personas han descubierto la liberación que viene al perdonar, no solo a los demás, sino también a sí mismas.

Oración diaria:
"Señor, ayúdame a ser bondadoso y a perdonar a aquellos que me han herido. Que mi corazón esté lleno de Tu amor y misericordia. Amén."

Pregunta de reflexión:
¿Hay alguien a quien necesites perdonar? ¿Qué pasos puedes tomar para sanar esa relación?

Acción práctica:
Hoy, elige un acto de bondad para hacer por alguien, ya sea un amigo, un familiar o incluso un extraño.

Espacio para anotaciones personales:

Abril: Día 27 - Colosenses 3:2
"Poned la mira en las cosas de arriba, no en las de la tierra."

Este versículo nos recuerda la importancia de centrarnos en lo eterno en lugar de lo temporal. Al mantener nuestra mirada en las cosas de Dios, encontramos propósito y dirección en nuestras vidas. Muchas personas han notado que al enfocar sus pensamientos en lo que realmente importa, pueden enfrentar los desafíos diarios con una perspectiva renovada.

Oración diaria:
"Señor, ayúdame a fijar mi atención en Ti y en las cosas eternas, en lugar de distraerme con lo temporal. Amén."

Pregunta de reflexión:
¿Qué cosas de la tierra pueden estar ocupando demasiado de tu tiempo y atención? ¿Cómo puedes cambiar tu enfoque?

Acción práctica:
Hoy, toma un tiempo para meditar en la Palabra de Dios y considera cómo puedes aplicar Su verdad en tu vida diaria.

Espacio para anotaciones personales:

Abril: Día 28 - Mateo 26:41
"Velad y orad para que no entréis en tentación."

La oración es el medio por el cual conectamos con Dios y encontramos fortaleza. En tiempos de dificultad, la oración nos ancla y nos brinda paz. Hoy, dedica tiempo a orar y busca Su fortaleza en tu vida.

Oración diaria:
"Señor, enséñame a orar con fervor y a buscar Tu fortaleza en cada situación. Amén."

Pregunta de reflexión:
¿Cómo puedes integrar más la Palabra de Dios en tu vida diaria? ¿Qué versículos puedes memorizar para ayudarte en momentos de dificultad?

Acción práctica:
Selecciona un versículo que te hable hoy y medita en él a lo largo del día, buscando maneras de aplicarlo en tu vida.

Espacio para anotaciones personales:

Abril: Día 29 - Hebreos 10:24-25

"Y consideremos unos a otros para estimularnos al amor y a las buenas obras; no dejando de congregarnos, como algunos tienen por costumbre, sino exhortándonos unos a otros, y tanto más, cuanto veis que aquel día se acerca."

Este pasaje enfatiza la importancia de la comunidad y el apoyo mutuo entre los creyentes. Al congregarnos, nos animamos y motivamos a vivir vidas que honran a Dios. Muchas personas han encontrado fuerza y renovada motivación al ser parte de una comunidad de fe.

Oración diaria:
"Señor, gracias por la comunidad que me rodea. Ayúdame a ser un apoyo para otros y a fomentar el amor y las buenas obras entre nosotros. Amén."

Pregunta de reflexión:
¿Te estás conectando lo suficiente con tu comunidad de fe? ¿Cómo puedes ser más intencional en fomentar relaciones que te edifiquen?

Acción práctica:
Asiste a un servicio o reunión de tu comunidad de fe esta semana y busca oportunidades para animar a otros.

Espacio para anotaciones personales:

Abril: Día 30 - Romanos 8:28

"Y sabemos que a los que aman a Dios, todas las cosas les ayudan a bien; esto es, a los que conforme a su propósito son llamados."

Este versículo nos asegura que Dios utiliza todas las circunstancias, incluso las difíciles, para nuestro bien. Al confiar en Su propósito, encontramos esperanza en medio de las pruebas. Muchas personas han visto cómo los desafíos de la vida han llevado a un crecimiento espiritual y una mayor dependencia de Dios.

Oración diaria:
"Señor, gracias por tu promesa de que todo trabajará para mi bien. Ayúdame a confiar en Ti en cada circunstancia de mi vida. Amén."

Pregunta de reflexión:
¿Hay situaciones en tu vida que te resultan difíciles de entender? ¿Cómo puedes confiar en que Dios está obrando en esas áreas?

Acción práctica:
Hoy, escribe un agradecimiento a Dios por las lecciones que has aprendido en tiempos difíciles y por Su fidelidad en cada circunstancia.

Espacio para anotaciones personales:

Mayo: Día 1 - Salmos 118:24

"Este es el día que hizo Jehová; nos gozaremos y alegraremos en él."

Este versículo nos recuerda que cada día es un regalo de Dios. Al comenzar el mes de mayo, es una oportunidad para celebrar la vida y encontrar alegría en las pequeñas cosas. Muchas personas han encontrado que cultivar una actitud de gratitud transforma su perspectiva y les ayuda a disfrutar más de cada día.

Oración diaria:
"Señor, gracias por este nuevo día. Ayúdame a encontrar gozo en cada momento y a celebrar la vida que me has dado. Amén."

Pregunta de reflexión:
¿Qué cosas en tu vida te traen alegría? ¿Cómo puedes celebrar más esos momentos?

Acción práctica:
Haz una lista de al menos tres cosas por las que estás agradecido hoy y compártela con alguien.

Espacio para anotaciones personales:

Mayo: Día 2 – Romanos 15:13
"Y el Dios de esperanza os llene de todo gozo y paz en el creer, para que abundéis en esperanza por el poder del Espíritu Santo."

Este versículo nos habla de la esperanza que encontramos en Dios, que nos llena de gozo y paz. En un mundo lleno de incertidumbres, esta promesa es un recordatorio de que, al confiar en Él, podemos experimentar una esperanza renovada que nos impulsa a seguir adelante.

Oración diaria:
"Señor, gracias por ser mi esperanza. Llena mi corazón de gozo y paz mientras creo en Tus promesas. Amén."

Pregunta de reflexión:
¿Hay áreas en tu vida donde necesitas más esperanza? ¿Cómo puedes buscar la paz de Dios en esas situaciones?

Acción práctica:
Tómate unos minutos para meditar en una promesa de Dios que te brinde esperanza y escribe sobre cómo puedes aferrarte a ella.

Espacio para anotaciones personales:

Mayo: Día 3 - Jeremías 29:11
"Porque yo sé los pensamientos que tengo acerca de vosotros, dice Jehová, pensamientos de paz, y no de mal, para daros el fin que esperáis."

Reflexionar sobre nuestro propósito puede transformar nuestra perspectiva de la vida. Dios tiene un plan único para cada uno de nosotros, y encontrar ese propósito puede llenarnos de esperanza y dirección. ¿Cómo puedes descubrir y vivir ese propósito hoy?

Oración diaria:
"Señor, ayúdame a entender y cumplir el propósito que tienes para mi vida. Guíame para seguir Tu voluntad en cada paso. Amén."

Pregunta de reflexión:
¿Hay áreas en las que estás tratando de controlar todo tú mismo? ¿Cómo puedes dejar que Dios dirija esas áreas?

Acción práctica:
Escribe una decisión que necesitas tomar y ora pidiendo la guía de Dios antes de actuar.

Espacio para anotaciones personales:

Mayo: Día 4 - Filipenses 4:6-7

"Por nada estéis afanosos, sino sean conocidas vuestras peticiones delante de Dios en toda oración y ruego, con acción de gracias. Y la paz de Dios, que sobrepasa todo entendimiento, guardará vuestros corazones y vuestros pensamientos en Cristo Jesús."

Este pasaje nos invita a llevar nuestras preocupaciones a Dios. Al hacerlo, encontramos paz incluso en medio de las dificultades. Muchas personas han descubierto que la oración es una forma poderosa de aliviar la ansiedad y fomentar la tranquilidad en sus corazones.

Oración diaria:
"Señor, te traigo mis preocupaciones y te agradezco por Tu paz que sobrepasa todo entendimiento. Amén."

Pregunta de reflexión:
¿Hay algo que te esté preocupando? ¿Cómo puedes entregarlo a Dios en oración?

Acción práctica:
Dedica tiempo hoy a escribir tus preocupaciones y luego ora sobre ellas, entregándoselas a Dios.

Espacio para anotaciones personales:

Mayo: Día 5 - 2 Corintios 12:9

"Y él me dijo: Bástate de mi gracia; porque mi poder se perfecciona en la debilidad."

La gracia de Dios es un regalo que nos sostiene en nuestras debilidades y nos permite vivir en libertad. Al confiar en Su gracia, encontramos paz y fortaleza para seguir adelante a pesar de nuestras imperfecciones.

Oración diaria:
"Señor, ayúdame a confiar plenamente en Tu gracia. Permíteme ser un reflejo de Tu amor y perdón hacia los demás. Amén."

Pregunta de reflexión:
¿Hay una situación en tu vida donde necesitas el refugio de Dios? ¿Cómo puedes invitarlo a intervenir?

Acción práctica:
Identifica un área en tu vida donde sientas necesidad de refugio y ora pidiendo la fortaleza de Dios en esa situación.

Espacio para anotaciones personales:

Mayo: Día 6 - 1 Juan 4:19
"Nosotros le amamos a él, porque él nos amó primero."

Este versículo destaca la naturaleza del amor de Dios. Su amor por nosotros es incondicional y precede a nuestro amor por Él. Comprender esto puede cambiar nuestra perspectiva sobre cómo amamos a los demás y nos anima a reflejar ese amor en nuestras relaciones.

Oración diaria:
"Señor, gracias por amarme incondicionalmente. Ayúdame a compartir ese amor con quienes me rodean. Amén."

Pregunta de reflexión:
¿Cómo puedes demostrar el amor de Dios a los demás en tu vida diaria? ¿Hay alguien que necesite tu amor en este momento?

Acción práctica:
Realiza un acto de amor hacia alguien en tu vida, ya sea un amigo, un familiar o un desconocido.

Espacio para anotaciones personales:

Mayo: Día 7 - Mateo 5:9
"Bienaventurados los pacificadores, porque ellos serán llamados hijos de Dios."

Ser instrumentos de paz es un llamado divino. En un mundo lleno de conflictos, podemos hacer una diferencia al promover la paz y la reconciliación en nuestras comunidades y relaciones.

Oración diaria:
"Señor, hazme un instrumento de Tu paz. Ayúdame a promover la armonía y la comprensión en cada situación. Amén."

Pregunta de reflexión:
¿Cuál de estos frutos del Espíritu necesitas desarrollar más en tu vida? ¿Qué pasos puedes tomar para hacerlo?

Acción práctica:
Elige uno de los frutos del Espíritu y enfócate en manifestarlo en tus interacciones hoy.

Espacio para anotaciones personales:

Mayo: Día 8 – Proverbios 17:22
"El corazón alegre constituye buen remedio; mas el espíritu triste seca los huesos."

Este versículo destaca la importancia de mantener un corazón alegre. La alegría no solo afecta nuestro estado emocional, sino también nuestra salud física. En un mundo lleno de estrés, muchas personas han encontrado que cultivar la alegría puede ser una poderosa herramienta para el bienestar.

Oración diaria:
"Señor, llena mi corazón de alegría y ayúdame a compartir esa alegría con los que me rodean. Amén."

Pregunta de reflexión:
¿Qué te trae alegría en la vida? ¿Cómo puedes incorporar más momentos de alegría en tu día a día?

Acción práctica:
Hoy, busca algo que te haga sonreír y compártelo con alguien para contagiarles esa alegría.

Espacio para anotaciones personales:

Mayo: Día 9 - Efesios 6:10
"Por lo demás, hermanos míos, fortaleceos en el Señor y en el poder de su fuerza."

Este versículo nos llama a buscar la fuerza en Dios. En tiempos de debilidad, es fundamental recordar que no estamos solos y que podemos apoyarnos en Su poder. Muchas personas han encontrado que su fortaleza se renueva cuando dependen de Dios y buscan Su guía en momentos difíciles.

Oración diaria:
"Señor, fortalece mi corazón y mi espíritu. Ayúdame a recordar que en Ti encuentro la fuerza que necesito para enfrentar los desafíos de la vida. Amén."

Pregunta de reflexión:
¿Hay momentos en tu vida en los que te sientes débil o desalentado? ¿Cómo puedes buscar la fortaleza de Dios en esos momentos?

Acción práctica:
Hoy, dedica unos minutos a orar pidiendo fuerza para un desafío que estás enfrentando y confía en que Dios está contigo.

Espacio para anotaciones personales:

Mayo: Día 10 - Salmos 139:14

"Te alabaré; porque formidables, maravillosas son tus obras; estoy maravillado, y mi alma lo sabe muy bien."

Este versículo celebra la maravilla de la creación de Dios y cómo cada uno de nosotros es un reflejo de Su obra maestra. En un mundo que a menudo fomenta la comparación y la inseguridad, recordar que somos únicos y valiosos puede ser liberador y transformador.

Oración diaria:
"Señor, gracias por hacerme a Tu imagen. Ayúdame a ver mi valor y a recordar que soy una obra maravillosa. Amén."

Pregunta de reflexión:
¿Qué aspectos de ti mismo valoras más? ¿Cómo puedes celebrar la persona que eres hoy?

Acción práctica:
Mira en un espejo y repite en voz alta algo positivo sobre ti mismo. Practica la autoaceptación.

Espacio para anotaciones personales:

Mayo: Día 11 - Santiago 1:5
"Y si alguno de vosotros tiene falta de sabiduría, pídala a Dios, el cual da a todos abundantemente y sin reproche, y le será dada."

Este versículo nos anima a buscar sabiduría de Dios en lugar de depender solo de nuestro entendimiento. En un mundo donde la información está al alcance, puede ser fácil perderse, pero al buscar la sabiduría divina, podemos tomar decisiones más alineadas con Su voluntad.

Oración diaria:
"Señor, dame la sabiduría que necesito para tomar decisiones en mi vida. Confío en que me guiarás por el camino correcto. Amén."

Pregunta de reflexión:
¿Hay decisiones que necesitas tomar y que te están causando incertidumbre? ¿Cómo puedes pedir la sabiduría de Dios en esas situaciones?

Acción práctica:
Dedica tiempo hoy para orar específicamente por sabiduría en una decisión que estés enfrentando.

Espacio para anotaciones personales:

Mayo: Día 12 - Colosenses 4:2

"Perseverad en la oración, velando en ella con acción de gracias."

La oración es la clave para mantener nuestra relación con Dios. Perseverar en la oración, incluso cuando no vemos resultados inmediatos, fortalece nuestra fe y nos acerca más a Él.

Oración diaria:
"Señor, ayúdame a perseverar en la oración. Que nunca me falte la fe para esperar en Tus promesas. Amén."

Pregunta de reflexión:
¿Qué planes o proyectos has estado cargando solo? ¿Cómo puedes entregarlos a Dios?

Acción práctica:
Escribe un plan que has estado considerando y ora pidiendo la dirección de Dios en él.

Espacio para anotaciones personales:

Mayo: Día 13 - Salmos 23:1-2
"Jehová es mi pastor; nada me faltará. En lugares de delicados pastos me hará descansar; junto a aguas de reposo me pastoreará."

Este famoso pasaje destaca la provisión y el cuidado de Dios en nuestras vidas. Al igual que un pastor cuida de sus ovejas, Dios se preocupa por nosotros y nos guía a lugares de paz. En un mundo lleno de caos, podemos encontrar consuelo en Su cuidado constante.

Oración diaria:
"Señor, gracias por ser mi pastor. Ayúdame a confiar en Tu provisión y a encontrar descanso en Ti. Amén."

Pregunta de reflexión:
¿Dónde necesitas experimentar el cuidado y la provisión de Dios en tu vida actualmente?

Acción práctica:
Dedica tiempo a estar en silencio y reflexionar sobre cómo Dios ha provisto en tu vida. Haz un momento de gratitud.

Espacio para anotaciones personales:

Mayo: Día 14 - Colosenses 3:2
"Poned la mira en las cosas de arriba, no en las de la tierra."

Este versículo nos invita a enfocarnos en lo eterno en lugar de lo temporal. En la rutina diaria, es fácil distraerse con preocupaciones mundanas, pero al centrarnos en lo que verdaderamente importa, encontramos propósito y dirección en nuestra vida.

Oración diaria:
"Señor, ayúdame a mantener mis ojos en Ti y en las cosas eternas, incluso cuando las distracciones me rodean. Amén."

Pregunta de reflexión:
¿Qué cosas temporales pueden estar ocupando tu atención en este momento? ¿Cómo puedes redirigir tu enfoque a lo eterno?

Acción práctica:
Hoy, busca un momento para meditar sobre lo que realmente importa en tu vida y toma decisiones que reflejen esas prioridades.

Espacio para anotaciones personales:

Mayo: Día 15 – Mateo 7:7
"Pedid, y se os dará; buscad, y hallaréis; llamad, y se os abrirá."

Este versículo nos anima a ser proactivos en nuestra búsqueda de Dios y de Su voluntad. A menudo, la respuesta que buscamos está al alcance si solo tenemos el valor de pedir. Este es un recordatorio de que nuestra relación con Dios es activa y dinámica.

Oración diaria:
"Señor, hoy te pido que me muestres lo que debo buscar y a dónde debo llamar. Estoy aquí, dispuesto a recibir Tu guía. Amén."

Pregunta de reflexión:
¿Qué estás pidiendo en tu vida? ¿Cómo puedes buscar a Dios de manera más intencional?

Acción práctica:
Toma un tiempo hoy para escribir tus peticiones y orar específicamente sobre ellas, confiando en que Dios responderá.

Espacio para anotaciones personales:

Mayo: Día 16 - Efesios 4:32

"Antes sed benignos unos con otros, misericordiosos, perdonándoos unos a otros, como Dios también os perdonó a vosotros en Cristo."

Este versículo nos llama a practicar la bondad y la misericordia en nuestras relaciones. En un mundo que a menudo fomenta la crítica y el juicio, ser amables y perdonadores puede marcar una gran diferencia en la vida de quienes nos rodean.

Oración diaria:
"Señor, dame un corazón lleno de bondad y misericordia. Ayúdame a perdonar a quienes me han ofendido y a mostrar Tu amor. Amén."

Pregunta de reflexión:
¿Hay alguien a quien necesites perdonar en tu vida? ¿Cómo puedes ser más amable con quienes te rodean?

Acción práctica:
Realiza un acto de bondad hacia alguien hoy, ya sea un amigo, un compañero de trabajo o un desconocido.

Espacio para anotaciones personales:

Mayo: Día 17 - Proverbios 18:10
"Torre fuerte es el nombre de Jehová; a él correrá el justo, y será levantado."

Este versículo nos recuerda que en tiempos de angustia, Dios es nuestro refugio. Su nombre es una fuente de fortaleza y seguridad. Muchas personas han encontrado en su relación con Dios un lugar de paz y protección ante los desafíos de la vida.

Oración diaria:
"Señor, gracias por ser mi refugio en tiempos de dificultad. Ayúdame a correr hacia Ti cuando enfrento problemas y a confiar en Tu protección. Amén."

Pregunta de reflexión:
¿En qué áreas de tu vida necesitas buscar refugio en Dios en este momento?

Acción práctica:
Hoy, cuando te enfrentes a un desafío, recuerda que puedes correr a Dios en oración. Haz una lista de situaciones en las que necesitas Su ayuda y ora por cada una.

Espacio para anotaciones personales:

Mayo: Día 18 - Romanos 12:12
"Gozaos en la esperanza; sufridos en la tribulación; constantes en la oración."

Este versículo nos da una guía sobre cómo vivir en momentos de prueba. La esperanza es vital, especialmente en tiempos difíciles. A través de la oración, encontramos fuerza y conexión con Dios, lo que nos ayuda a enfrentar las tribulaciones con fe.

Oración diaria:
"Señor, ayúdame a mantenerme esperanzado incluso en tiempos difíciles. Dame la fuerza para ser paciente en las pruebas y constante en la oración. Amén."

Pregunta de reflexión:
¿Cómo puedes ser más constante en la oración, especialmente cuando enfrentas desafíos?

Acción práctica:
Establece un momento específico en tu día para orar y reflexionar sobre tus esperanzas y desafíos. Escribe tus pensamientos en un diario.

Espacio para anotaciones personales:

Mayo: Día 19 - Salmos 121:1-2
"Alzaré mis ojos a los montes; ¿de dónde vendrá mi ayuda? Mi ayuda viene de Jehová, que hizo los cielos y la tierra."

Este pasaje nos recuerda que nuestra ayuda proviene de Dios, el Creador. A menudo buscamos ayuda en otras cosas, pero cuando miramos hacia lo alto, recordamos que Él tiene el control sobre todas las circunstancias de nuestra vida.

Oración diaria:
"Señor, alzo mis ojos hacia Ti, reconociendo que eres mi ayuda y mi fortaleza. Confío en que cuidarás de mí en cada situación. Amén."

Pregunta de reflexión:
¿Hay áreas de tu vida en las que has buscado ayuda en lugares equivocados? ¿Cómo puedes volver tu mirada a Dios?

Acción práctica:
Hoy, reflexiona sobre las formas en que Dios ha sido tu ayuda en el pasado y agradece por Su fidelidad.

Espacio para anotaciones personales:

Mayo: Día 20 - Filipenses 4:6-7

"Por nada estéis afanosos, sino sean conocidas vuestras peticiones delante de Dios en toda oración y ruego, con acción de gracias. Y la paz de Dios, que sobrepasa todo entendimiento, guardará vuestros corazones y vuestros pensamientos en Cristo Jesús."

Este versículo nos anima a entregar nuestras preocupaciones a Dios. En lugar de dejarnos abrumar por el estrés, podemos orar y confiar en que Su paz nos protegerá. Este es un recordatorio poderoso de que la gratitud y la oración son clave para encontrar paz en medio de la ansiedad.

Oración diaria:
"Señor, ayúdame a no preocuparme y a entregarte mis peticiones. Gracias por la paz que me das cuando confío en Ti. Amén."

Pregunta de reflexión:
¿Qué preocupaciones necesitas entregar a Dios hoy? ¿Cómo puedes recordar ser agradecido en medio de esas preocupaciones?

Acción práctica:
Escribe una lista de tus preocupaciones y, junto a cada una, escribe algo por lo que estás agradecido. Luego, ora sobre ambas listas.

Espacio para anotaciones personales:

Mayo: Día 21 – 2 Corintios 5:7
"Porque por fe andamos, no por vista."

Este versículo nos recuerda que la fe es fundamental en nuestra vida cristiana. A veces, las circunstancias pueden parecer abrumadoras, pero al caminar por fe, confiamos en lo que Dios ha prometido, incluso cuando no podemos verlo claramente.

Oración diaria:
"Señor, ayúdame a caminar por fe y no por vista. Enséñame a confiar en Ti en cada paso de mi vida. Amén."

Pregunta de reflexión:
¿Hay áreas de tu vida en las que necesitas dar un paso de fe? ¿Qué te impide hacerlo?

Acción práctica:
Hoy, identifica un área en la que sientes miedo o inseguridad y da un pequeño paso de fe hacia adelante.

Espacio para anotaciones personales:

Mayo: Día 22 - Romanos 15:13

"Y el Dios de esperanza os llene de todo gozo y paz en el creer, para que abundéis en esperanza por el poder del Espíritu Santo."

Este versículo es una hermosa promesa de que Dios puede llenar nuestras vidas con gozo y paz a través de la fe. Cuando confiamos en Él, Su esperanza se derrama en nosotros, incluso en los momentos difíciles.

Oración diaria:
"Señor, lléname de Tu gozo y paz. Gracias por ser el Dios de esperanza en mi vida. Amén."

Pregunta de reflexión:
¿Cómo puedes cultivar más esperanza en tu vida diaria? ¿Qué pasos puedes tomar para creer en las promesas de Dios?

Acción práctica:
Hoy, busca una manera de compartir la esperanza que tienes en Cristo con alguien más. Puede ser un mensaje, una llamada o una nota.

Espacio para anotaciones personales:

Mayo: Día 23 – Proverbios 3:5
"Confiad en Jehová de todo vuestro corazón, y no te apoyes en tu propia prudencia."

Confiar en el plan de Dios requiere fe. Aunque no siempre entendamos Su camino, podemos descansar en la certeza de que Él tiene un propósito y un plan perfecto para nuestras vidas.

Oración diaria:
"Señor, ayúdame a confiar en Tu plan. Que pueda entregarte mis preocupaciones y seguir Tu guía con fe. Amén."

Pregunta de reflexión:
¿Cuáles son las tribulaciones que estás enfrentando actualmente? ¿Cómo puedes llevarlas a Dios como tu refugio?

Acción práctica:
Hoy, toma un momento para escribir una oración entregando a Dios tus preocupaciones y tribulaciones.

Espacio para anotaciones personales:

Mayo: Día 24 - Gálatas 5:22-23
"Mas el fruto del Espíritu es amor, gozo, paz, paciencia, benignidad, bondad, fe, mansedumbre, templanza; contra tales cosas no hay ley."

Este versículo nos recuerda que el fruto del Espíritu es lo que debe caracterizar nuestra vida. Cada una de estas cualidades es esencial para una vida cristiana vibrante y saludable. Al cultivar estos frutos, reflejamos el carácter de Cristo a los demás.

Oración diaria:
"Señor, ayúdame a cultivar el fruto de Tu Espíritu en mi vida. Quiero reflejar Tu amor y bondad en todo lo que hago. Amén."

Pregunta de reflexión:
¿Cuál de estos frutos del Espíritu te gustaría ver más en tu vida? ¿Por qué?

Acción práctica:
Elige un fruto del Espíritu en el que quieras enfocarte hoy y busca oportunidades para practicarlo.

Espacio para anotaciones personales:

Mayo: Día 25 - Proverbios 3:5-6

"Confía en Jehová de todo tu corazón, y no te apoyes en tu propia prudencia. Reconócelo en todos tus caminos, y él enderezará tus veredas."

Este versículo nos anima a confiar completamente en Dios en lugar de depender de nuestra propia sabiduría. Al reconocer a Dios en nuestras decisiones y caminos, Él nos guiará y enderezará nuestros pasos.

Oración diaria:
"Señor, ayúdame a confiar en Ti en todas las áreas de mi vida. Quiero reconocer Tu presencia en mis decisiones diarias. Amén."

Pregunta de reflexión:
¿En qué áreas de tu vida te estás apoyando más en tu propia comprensión que en la dirección de Dios?

Acción práctica:
Hoy, reflexiona sobre una decisión importante que estés enfrentando. Escribe una oración pidiendo dirección y confianza en la guía de Dios.

Espacio para anotaciones personales:

Mayo: Día 26 - Salmos 37:5
"Encomienda a Jehová tu camino, y confía en él; y él hará."

Este versículo nos enseña la importancia de entregar nuestros planes y caminos a Dios. Cuando confiamos en Él, estamos seguros de que Él actuará en nuestra vida, guiándonos hacia lo mejor para nosotros.

Oración diaria:
"Señor, hoy encomiendo mi camino a Ti. Confío en que tomarás las riendas y dirigirás mi vida hacia Tu propósito. Amén."

Pregunta de reflexión:
¿Qué aspectos de tu vida necesitas entregar a Dios y confiar en Su plan?

Acción práctica:
Dedica unos minutos a escribir una lista de tus planes y preocupaciones, y ora sobre ellos, entregándolos a Dios.

Espacio para anotaciones personales:

Mayo: Día 27 - Efesios 2:8-9

"Porque por gracia sois salvos por medio de la fe; y esto no de vosotros, pues es don de Dios; no por obras, para que nadie se gloríe."

Este pasaje nos recuerda que nuestra salvación es un regalo de Dios, no algo que podamos ganar con nuestras propias acciones. Esta gracia nos permite acercarnos a Él con humildad y gratitud.

Oración diaria:
"Señor, gracias por Tu gracia que me salva. Ayúdame a vivir con gratitud y a reconocer que todo lo que tengo proviene de Ti. Amén."

Pregunta de reflexión:
¿Cómo puedes vivir de una manera que refleje la gratitud por la gracia que has recibido?

Acción práctica:
Escribe un agradecimiento diario en tu diario, reflexionando sobre algo por lo que estás agradecido en tu vida.

Espacio para anotaciones personales:

Mayo: Día 28 - Juan 16:13
"Pero cuando venga el Consolador, a quien yo os enviaré del Padre, el Espíritu de verdad, él os guiará a toda la verdad."

El Espíritu Santo es nuestro compañero y guía en el camino de la vida. Al escuchar Su voz y seguir Su dirección, podemos tomar decisiones que honren a Dios y nos acerquen a Su voluntad.

Oración diaria:
"Señor, ayúdame a ser sensible a la guía del Espíritu Santo en mi vida. Que pueda seguir Su dirección y vivir conforme a Tu verdad. Amén."

Pregunta de reflexión:
¿Cómo puedes incorporar más la lectura de la Biblia en tu rutina diaria?

Acción práctica:
Hoy, dedica tiempo a leer un pasaje de la Biblia y reflexiona sobre cómo se aplica a tu vida.

Espacio para anotaciones personales:

Mayo: Día 29 - 1 Pedro 5:7
"Echando toda vuestra ansiedad sobre él, porque él tiene cuidado de vosotros."

Este versículo nos da la libertad de entregar nuestras ansiedades y preocupaciones a Dios. Él se preocupa por nosotros y quiere que vivamos en paz, confiando en Su cuidado y amor.

Oración diaria:
"Señor, hoy te entrego mis ansiedades. Gracias por cuidar de mí y por darme paz en medio de mis luchas. Amén."

Pregunta de reflexión:
¿Cuáles son las preocupaciones que has estado llevando y que necesitas entregar a Dios?

Acción práctica:
Escribe tus ansiedades en un papel y luego ora, entregándoselas a Dios. Considera deshacerte del papel como un símbolo de entrega.

Espacio para anotaciones personales:

Mayo: Día 30 - Juan 14:26
"Y él os enseñará todas las cosas."

El Espíritu Santo no solo nos consuela, sino que también nos enseña y guía en nuestra vida diaria. Al permitir que Él dirija nuestros pasos, podemos vivir en la sabiduría y el propósito que Dios tiene para nosotros.

Oración diaria:
"Señor, agradezco por la presencia del Espíritu Santo en mi vida. Ayúdame a seguir Su guía y a confiar en Su enseñanza cada día. Amén."

Pregunta de reflexión:
¿Qué cosas de la tierra te están distrayendo de enfocarte en Dios?

Acción práctica:
Hoy, toma un momento para desconectarte de las distracciones y pasar tiempo en oración o meditación, enfocándote en Dios y en Su voluntad.

Espacio para anotaciones personales:

Mayo: Día 31 - Proverbios 4:23
"Sobre toda cosa guardada, guarda tu corazón; porque de él mana la vida."

Este versículo nos recuerda la importancia de cuidar nuestro corazón, que es la fuente de nuestra vida y acciones. Nuestras emociones, pensamientos y actitudes provienen de nuestro corazón, así que debemos protegerlo de influencias negativas.

Oración diaria:
"Señor, ayúdame a cuidar mi corazón y a llenarlo de Tu verdad. Quiero que mi vida fluya de acuerdo a Tu voluntad. Amén."

Pregunta de reflexión:
¿Qué cosas o personas están afectando negativamente tu corazón y tu bienestar espiritual?

Acción práctica:
Haz un inventario de las cosas que consumes (como medios, relaciones, etc.) y evalúa si están construyendo o destruyendo tu vida espiritual.

Espacio para anotaciones personales:

Junio: Día 1 - Romanos 15:13

"Y el Dios de esperanza os llene de todo gozo y paz en el creer, para que abundéis en esperanza por el poder del Espíritu Santo."

Este versículo nos recuerda que Dios es la fuente de nuestra esperanza y alegría. En un mundo que a menudo parece sombrío, la fe en Dios puede llenarnos de paz y optimismo, dándonos la fuerza para enfrentar los desafíos.

Oración diaria:
"Señor, hoy te pido que me llenes de tu gozo y paz. Que mi fe en Ti me haga abundar en esperanza, incluso en tiempos difíciles. Amén."

Pregunta de reflexión:
¿Qué áreas de tu vida necesitan más esperanza y alegría en este momento?

Acción práctica:
Hoy, busca una manera de compartir esperanza con alguien que lo necesite, ya sea a través de una palabra amable o un acto de servicio.

Espacio para anotaciones personales:

Junio: Día 2 – Colosenses 4:2

"Perseverad en la oración, velando en ella con acción de gracias."

La perseverancia en la oración es clave para nuestra vida espiritual. Al dedicar tiempo a hablar con Dios, fortalecemos nuestra relación con Él y recibimos Su guía.

Oración diaria:
"Señor, ayúdame a perseverar en la oración y a ser constante en mi comunicación contigo. Amén."

Pregunta de reflexión:
¿Cuándo has sentido más la necesidad de refugio y ayuda en tu vida?

Acción práctica:
Escribe un momento difícil en tu vida y cómo Dios te ayudó en esa situación, recordando Su presencia.

Espacio para anotaciones personales:

Junio: Día 3 - Filipenses 4:6-7
"Por nada estéis afanosos, sino sean conocidas vuestras peticiones delante de Dios en toda oración y ruego, con acción de gracias. Y la paz de Dios, que sobrepasa todo entendimiento, guardará vuestros corazones y vuestros pensamientos en Cristo Jesús."

Este pasaje nos anima a no preocuparnos, sino a presentar nuestras necesidades a Dios con gratitud. La respuesta a nuestra oración puede no ser lo que esperamos, pero su paz nos protegerá y guiará.

Oración diaria:
"Señor, hoy te entrego mis preocupaciones. Dame la paz que solo Tú puedes ofrecer mientras confío en Tu plan. Amén."

Pregunta de reflexión:
¿Hay alguna preocupación que necesites entregar a Dios hoy?

Acción práctica:
Dedica tiempo a escribir una lista de tus preocupaciones y luego ora por cada una de ellas, agradeciendo a Dios por su ayuda.

Espacio para anotaciones personales:

Junio: Día 4 - Salmos 23:1-3

"Jehová es mi pastor; nada me faltará. En lugares de delicados pastos me hará descansar; junto a aguas de reposo me pastoreará."

Este versículo nos presenta a Dios como nuestro pastor, quien cuida de nosotros y nos proporciona lo que necesitamos. Nos invita a confiar en que Él nos llevará a lugares de paz y descanso.

Oración diaria:
"Señor, gracias por ser mi Pastor. Te pido que me guíes a lugares de paz y descanso en medio de las aglomeraciones de la vida. Amén."

Pregunta de reflexión:
¿Dónde has encontrado descanso y paz en tu vida? ¿Qué necesitas hacer para volver a esos lugares?

Acción práctica:
Hoy, busca un lugar tranquilo donde puedas pasar tiempo a solas con Dios, reflexionando y descansando en Su presencia.

Espacio para anotaciones personales:

Junio: Día 5 - 1 Tesalonicenses 5:24
"Fiel es el que os llama; el cual también lo hará."

La fidelidad de Dios es inquebrantable. Podemos confiar en Sus promesas, sabiendo que siempre está a nuestro lado y cumple Su palabra.

Oración diaria:
"Señor, gracias por Tu fidelidad. Ayúdame a confiar en Ti en cada situación que enfrento. Amén."

Pregunta de reflexión:
¿Hay alguna decisión reciente en la que necesitas más guía divina?

Acción práctica:
Dedica tiempo a orar y reflexionar sobre una decisión importante que estás enfrentando, buscando la guía de Dios.

Espacio para anotaciones personales:

Junio: Día 6 - Mateo 11:28-30

"Venid a mí todos los que estáis trabajados y cargados, y yo os haré descansar. Llevad mi yugo sobre vosotros y aprended de mí, que soy manso y humilde de corazón; y hallaréis descanso para vuestras almas."

Jesús nos invita a acercarnos a Él cuando estamos cansados y agobiados. Su amor y humildad nos ofrecen el descanso que anhelamos, tanto física como espiritualmente.

Oración diaria:
"Señor, hoy vengo a Ti con mis cargas. Gracias por ofrecerme descanso y paz. Ayúdame a aprender de Tu ejemplo de humildad. Amén."

Pregunta de reflexión:
¿Qué cargas estás llevando que necesitas entregar a Jesús?

Acción práctica:
Tómate un tiempo hoy para relajarte y hacer algo que te brinde paz, ya sea meditar, caminar al aire libre o simplemente descansar.

Espacio para anotaciones personales:

Junio: Día 7 - 1 Pedro 5:6
"Humillaos, pues, bajo la poderosa mano de Dios, para que él os exalte cuando fuere tiempo."

La humildad es clave para recibir la gracia de Dios. Al reconocer nuestra dependencia de Él, abrimos nuestro corazón para recibir Su ayuda y guía.

Oración diaria:
"Señor, ayúdame a ser humilde y a confiar en Tu poder. Gracias por Tu gracia en mi vida. Amén."

Pregunta de reflexión:
¿En qué áreas de tu vida sientes que necesitas que Dios renueve tus fuerzas?

Acción práctica:
Realiza una actividad física o espiritual que te revitalice, como un paseo al aire libre, yoga o leer la Biblia.

Espacio para anotaciones personales:

Junio: Día 8 – Gálatas 5:22-23

"Mas el fruto del Espíritu es amor, gozo, paz, paciencia, benignidad, bondad, fe, mansedumbre, templanza; contra tales cosas no hay ley."

Este pasaje nos enseña sobre las características que deben florecer en nuestra vida a medida que crecemos en el Espíritu. Estos frutos no solo nos benefician a nosotros, sino también a quienes nos rodean.

Oración diaria:
"Señor, ayúdame a cultivar estos frutos en mi vida. Quiero ser una bendición para los demás y reflejar Tu amor en todo lo que hago. Amén."

Pregunta de reflexión:
¿Cuál de estos frutos te gustaría cultivar más en tu vida en este momento?

Acción práctica:
Elige un fruto del Espíritu para enfocarte esta semana. Busca maneras de manifestarlo en tus interacciones diarias.

Espacio para anotaciones personales:

Junio: Día 9 - Proverbios 18:10
"Torre fuerte es el nombre de Jehová; a él correrá el justo y será levantado."

Este versículo nos muestra que el nombre de Dios es una fuente de fortaleza y seguridad. Cuando enfrentamos dificultades, podemos acudir a Él y encontrar refugio y apoyo. En tiempos de crisis, muchos buscan seguridad en lugares equivocados, pero la verdadera protección proviene de nuestra relación con Dios.

Oración diaria:
"Señor, gracias por ser mi torre fuerte. Hoy confío en Ti para protegerme y fortalecerme en medio de mis desafíos. Amén."

Pregunta de reflexión:
¿Hay alguna situación en la que necesites buscar refugio en Dios en lugar de en tus propias fuerzas?

Acción práctica:
Hoy, identifica un desafío que estés enfrentando y dedica tiempo a orar por fortaleza y dirección.

Espacio para anotaciones personales:

Junio: Día 10 - 1 Pedro 5:7
"Echando toda vuestra ansiedad sobre él, porque él tiene cuidado de vosotros."

Este versículo nos recuerda que Dios se preocupa por nosotros y está dispuesto a cargar nuestras ansiedades. En un mundo lleno de preocupaciones, es un alivio saber que no estamos solos y que podemos dejar nuestras cargas a Sus pies.

Oración diaria:
"Señor, hoy te entrego mis ansiedades. Gracias por cuidarme y por llevar mis cargas. Amén."

Pregunta de reflexión:
¿Qué preocupaciones necesitas entregar a Dios hoy?

Acción práctica:
Escribe tus ansiedades en un papel y luego quémalo o deséchalo, simbolizando que las entregas a Dios.

Espacio para anotaciones personales:

Junio: Día 11 - Efesios 4:32

"Antes sed unos con otros benignos, misericordiosos, perdonándoos unos a otros, como Dios también os perdonó en Cristo."

La importancia del perdón y la bondad en nuestras relaciones no puede ser subestimada. En un mundo donde las ofensas son comunes, Dios nos llama a practicar la misericordia y el perdón, reflejando Su amor hacia nosotros.

Oración diaria:
"Señor, dame un corazón dispuesto a perdonar y ser bondadoso. Ayúdame a reflejar Tu amor en mis relaciones. Amén."

Pregunta de reflexión:
¿Hay alguien en tu vida a quien necesites perdonar?

Acción práctica:
Hoy, elige un acto de bondad hacia alguien, ya sea en forma de una palabra amable o un pequeño gesto.

Espacio para anotaciones personales:

Junio: Día 12 - Salmos 139:14
"Te alabaré; porque formidables, maravillosas son tus obras; estoy maravillado; y mi alma lo sabe muy bien."

Este salmo celebra la maravilla de la creación y nuestra identidad en Dios. Reconocer nuestra singularidad y la grandeza de Su obra nos llena de gratitud y nos impulsa a vivir con propósito.

Oración diaria:
"Señor, gracias por hacerme de manera única y maravillosa. Ayúdame a apreciar y valorar la vida que me has dado. Amén."

Pregunta de reflexión:
¿Cómo puedes celebrar la maravilla de la creación en tu vida cotidiana?

Acción práctica:
Hoy, toma tiempo para admirar la naturaleza o algo bello a tu alrededor, agradeciendo a Dios por Su creación.

Espacio para anotaciones personales:

Junio: Día 13 - Proverbios 19:21
"Muchos pensamientos hay en el corazón del hombre; mas el consejo de Jehová permanecerá."

Este versículo nos recuerda que aunque tenemos muchos planes y deseos, lo que realmente cuenta es el consejo de Dios. Sus planes son perfectos y están más allá de nuestra comprensión.

Oración diaria:
"Señor, ayúdame a buscar Tu consejo sobre mis decisiones y planes. Que Tu voluntad prevalezca sobre mis deseos. Amén."

Pregunta de reflexión:
¿Hay algún plan en el que necesites el consejo de Dios?

Acción práctica:
Escribe tus planes y decisiones importantes, y ora sobre ellos pidiendo la dirección de Dios.

Espacio para anotaciones personales:

Junio: Día 14 - Salmos 37:4
"Deléitate asimismo en Jehová, y él te concederá las peticiones de tu corazón."

Cuando nos deleitamos en Dios y buscamos Su presencia, nuestros deseos se alinean con Su voluntad. Este versículo nos recuerda que nuestra relación con Dios debe ser la prioridad.

Oración diaria:
"Señor, ayúdame a deleitarme en Ti y a hacer de mi relación contigo mi prioridad. Amén."

Pregunta de reflexión:
¿Qué significa para ti deleitarte en Dios?

Acción práctica:
Dedica tiempo hoy a disfrutar de un momento de adoración, oración o lectura de la Biblia.

Espacio para anotaciones personales:

Junio: Día 15 - 2 Corintios 5:17
"De modo que si alguno está en Cristo, nueva criatura es; las cosas viejas pasaron; he aquí, todas son hechas nuevas."

Este versículo nos habla de la transformación que experimentamos al conocer a Cristo. Nos recuerda que, sin importar nuestro pasado, tenemos la oportunidad de empezar de nuevo y vivir una vida renovada.

Oración diaria:
"Señor, gracias por darme una nueva vida en Cristo. Ayúdame a dejar atrás el pasado y a caminar en la nueva creación que soy. Amén."

Pregunta de reflexión:
¿Hay aspectos de tu vida que necesitas entregar a Dios para experimentar Su renovación?

Acción práctica:
Hoy, escribe una carta a tu yo anterior, agradeciendo por las lecciones aprendidas y comprometiéndote a vivir como una nueva criatura en Cristo.

Espacio para anotaciones personales:

Junio: Día 16 - Efesios 2:8-9

"Porque por gracia sois salvos, por medio de la fe; y esto no de vosotros, pues es don de Dios; no por obras, para que nadie se gloríe."

La salvación es un regalo de Dios, no algo que podamos ganar por nuestras obras. Esto nos recuerda que nuestra relación con Dios no depende de lo que hacemos, sino de Su gracia.

Oración diaria:
"Señor, gracias por Tu gracia que me ha salvado. Ayúdame a vivir cada día en gratitud por este regalo. Amén."

Pregunta de reflexión:
¿Cómo puedes vivir de manera que refleje tu agradecimiento por la gracia de Dios?

Acción práctica:
Hoy, realiza una acción de bondad sin esperar nada a cambio, reflejando la gracia que has recibido.

Espacio para anotaciones personales:

Junio: Día 17 - Juan 14:27
"La paz os dejo, mi paz os doy; yo no os la doy como el mundo la da. No se turbe vuestro corazón, ni tenga miedo."

Jesús nos ofrece una paz que trasciende las circunstancias. En momentos de incertidumbre, podemos encontrar tranquilidad en Su presencia, sin importar lo que ocurra a nuestro alrededor.

Oración diaria:
"Señor, gracias por la paz que solo Tú puedes dar. Ayúdame a confiar en Ti en medio de las tormentas de la vida. Amén."

Pregunta de reflexión:
¿En qué áreas de tu vida necesitas la paz de Dios?

Acción práctica:
Dedica unos minutos hoy a meditar en la paz de Dios, buscando momentos de silencio y tranquilidad.

Espacio para anotaciones personales:

Junio: Día 18 - Proverbios 16:3
"Entregadle a Jehová tus obras, y tus pensamientos serán afirmados."

Al entregarnos completamente a Dios, experimentamos Su paz y dirección en nuestras vidas. Esta entrega nos permite caminar con confianza en Su plan.

Oración diaria:
"Señor, me entrego a Ti por completo. Dirige mis pasos y afianza mis pensamientos en Tu verdad. Amén."

Pregunta de reflexión:
¿Cómo puedes asegurarte de que la Palabra de Dios guíe tus decisiones y acciones?

Acción práctica:
Dedica tiempo hoy a leer un pasaje de la Biblia y reflexiona sobre cómo se aplica a tu vida.

Espacio para anotaciones personales:

Junio: Día 19 - Romanos 8:28

"Y sabemos que a los que aman a Dios, todas las cosas les ayudan a bien; esto es, a los que conforme a su propósito son llamados."

Este versículo nos asegura que Dios trabaja en todas las situaciones para nuestro bien. Aunque a veces no comprendemos el propósito detrás de nuestras circunstancias, podemos confiar en que Él tiene un plan y que todo, incluso lo difícil, contribuirá a nuestro crecimiento y bienestar.

Oración diaria:
"Señor, gracias por Tu promesa de que todo trabaja para bien. Ayúdame a confiar en Tu plan, incluso cuando no lo entienda. Amén."

Pregunta de reflexión:
¿Hay alguna situación en tu vida que te resulte difícil de aceptar? ¿Cómo puedes ver el propósito de Dios en ello?

Acción práctica:
Hoy, escribe una lista de cosas por las que estás agradecido, incluso aquellas que son desafiantes.

Espacio para anotaciones personales:

Junio: Día 20 - Filipenses 4:13
"Todo lo puedo en Cristo que me fortalece."

Este versículo nos recuerda que nuestra fortaleza proviene de Cristo. No importa lo que enfrentemos, podemos encontrar en Él la fuerza necesaria para superar cualquier desafío. Nos empodera a seguir adelante y a no rendirnos.

Oración diaria:
"Señor, gracias por ser mi fortaleza. Ayúdame a recordar que en Ti puedo hacer todas las cosas. Amén."

Pregunta de reflexión:
¿Cuáles son las áreas de tu vida donde necesitas más fortaleza de Cristo?

Acción práctica:
Elige un desafío que estés enfrentando y ora específicamente por la fortaleza de Cristo para enfrentarlo.

Espacio para anotaciones personales:

Junio: Día 21 - Isaías 53:5
"Y por su llaga fuimos nosotros curados."

El amor de Dios es un bálsamo para nuestras heridas. Al abrir nuestros corazones a Su amor, encontramos sanidad y restauración en nuestras vidas.

Oración diaria:
"Señor, sana mis heridas con Tu amor y ayúdame a ser un canal de sanidad para otros. Amén."

Pregunta de reflexión:
¿Hay una situación específica en la que necesites buscar refugio en Dios hoy?

Acción práctica:
Haz una lista de oraciones o preocupaciones y entrégalas a Dios en oración, confiando en Su ayuda.

Espacio para anotaciones personales:

Junio: Día 22 - Mateo 11:28
"Venid a mí todos los que estáis trabajados y cargados, y yo os haré descansar."

Este versículo invita a todos los que se sienten abrumados a acudir a Jesús. Él ofrece descanso y alivio a nuestras cargas, recordándonos que no estamos solos y que podemos confiar en Él para encontrar paz.

Oración diaria:
"Señor, vengo a Ti hoy con mis cargas. Gracias por ofrecerme descanso. Ayúdame a entregarte mis preocupaciones. Amén."

Pregunta de reflexión:
¿Qué cargas has estado llevando que necesitas entregar a Jesús?

Acción práctica:
Tómate un momento para escribir tus cargas y orar sobre ellas, pidiendo descanso y alivio.

Espacio para anotaciones personales:

Junio: Día 23 - Proverbios 3:5-6
"Confía en Jehová de todo tu corazón, y no te apoyes en tu propia prudencia. Reconócelo en todos tus caminos, y él enderezará tus veredas."

La confianza en Dios es esencial en nuestra vida espiritual. Este pasaje nos recuerda que no debemos depender de nuestra propia sabiduría, sino buscar la dirección de Dios en cada aspecto de nuestras vidas. Él es quien nos guiará y nos ayudará a tomar decisiones correctas.

Oración diaria:
"Señor, hoy elijo confiar en Ti y no en mi propia sabiduría. Guíame en mis decisiones y ayúdame a reconocer Tu camino. Amén."

Pregunta de reflexión:
¿Hay un área de tu vida en la que necesites confiar más en Dios en lugar de en tus propios planes?

Acción práctica:
Escribe una oración entregando a Dios una decisión importante que estés enfrentando.

Espacio para anotaciones personales:

Junio: Día 24 - Romanos 12:2

"No os conforméis a este siglo, sino transformaos por medio de la renovación de vuestro entendimiento, para que comprobéis cuál sea la buena voluntad de Dios, agradable y perfecta."

Este versículo nos exhorta a no dejarnos llevar por las normas de la cultura que nos rodea, sino a buscar una transformación interior. Al renovar nuestra mente a través de la Palabra de Dios, podemos discernir Su voluntad y vivir de una manera que honre a Él.

Oración diaria:
"Señor, ayúdame a renovar mi mente y a resistir las presiones del mundo. Quiero vivir de acuerdo a Tu voluntad. Amén."

Pregunta de reflexión:
¿Qué aspectos de tu vida reflejan la cultura en lugar de los principios de Dios?

Acción práctica:
Dedica tiempo a leer y meditar en un pasaje de la Biblia que te ayude a renovar tu mente.

Espacio para anotaciones personales:

Junio: Día 25 - Salmos 121:1-2
"Alzaré mis ojos a los montes; ¿de dónde vendrá mi socorro? Mi socorro viene de Jehová, que hizo los cielos y la tierra."

Este salmo nos invita a elevar nuestra mirada a Dios, quien es nuestra ayuda y socorro. Nos recuerda que, independientemente de nuestras circunstancias, podemos confiar en Su poder y cuidado, ya que Él es el creador del universo.

Oración diaria:
"Señor, hoy levanto mis ojos hacia Ti, confiando en que eres mi ayuda. Gracias por estar siempre presente en mi vida. Amén."

Pregunta de reflexión:
¿De qué manera puedes recordar que tu socorro viene de Dios en momentos de necesidad?

Acción práctica:
Escribe una lista de momentos en que has visto la mano de Dios en tu vida y agradece por Su ayuda.

Espacio para anotaciones personales:

Junio: Día 26 – Gálatas 6:9

"Y no nos cansemos de hacer el bien, porque a su tiempo segaremos, si no desmayamos."

En un mundo donde los resultados inmediatos suelen ser el estándar, este versículo nos recuerda la importancia de la paciencia y la perseverancia en el bien. No siempre veremos los frutos de nuestras acciones de inmediato, y a veces hacer el bien puede sentirse agotador o infructuoso. Sin embargo, Dios nos anima a no rendirnos, porque en Su tiempo, cosecharemos los resultados de nuestras acciones. Hoy en día, cuando muchas personas se desaniman si no ven cambios rápidos, este mensaje es un recordatorio poderoso para confiar en el proceso y seguir adelante con fe.

Oración diaria:
"Señor, dame la fortaleza y la paciencia para seguir haciendo el bien, incluso cuando no vea resultados inmediatos. Ayúdame a confiar en Tu tiempo perfecto y a no desmayar en mi compromiso de servir y amar a los demás. Amén."

Pregunta de reflexión:
¿En qué áreas de mi vida me siento tentado a rendirme? ¿Cómo puedo renovar mi compromiso de hacer el bien sin desmayar?

Acción práctica:
Hoy, identifica una acción buena que estés realizando pero que te esté costando continuar, ya sea en tu hogar, trabajo o comunidad. Renueva tu esfuerzo y compromiso, sabiendo que a su tiempo cosecharás los frutos.

Espacio para anotaciones personales:

Junio: Día 27 - 1 Pedro 5:7
"Echando toda vuestra ansiedad sobre él, porque él tiene cuidado de vosotros."

Este versículo nos invita a entregar nuestras preocupaciones y ansiedades a Dios. Él se preocupa profundamente por nosotros y quiere que vivamos en paz, libres de la carga del miedo y la preocupación.

Oración diaria:
"Señor, hoy te entrego mis ansiedades y preocupaciones. Gracias por cuidar de mí y darme paz. Amén."

Pregunta de reflexión:
¿Qué preocupaciones has estado llevando que puedes entregar a Dios hoy?

Acción práctica:
Escribe tus ansiedades en un papel y luego quémalo o destrúyelo como un símbolo de entregarlas a Dios.

Espacio para anotaciones personales:

Junio: Día 28 – Salmos 34:8

"Gustad, y ved que es bueno Jehová; Dichoso el hombre que confía en él."

Este versículo nos invita a experimentar la bondad de Dios. Al confiar en Él y probar Su fidelidad, descubrimos la felicidad que proviene de una relación cercana con el Creador.

Oración diaria:
"Señor, quiero gustar y experimentar Tu bondad en mi vida. Ayúdame a confiar en Ti y a vivir con gratitud. Amén."

Pregunta de reflexión:
¿Hay alguna manera en que puedas experimentar la bondad de Dios en tu vida hoy?

Acción práctica:
Dedica tiempo a reflexionar sobre las bendiciones en tu vida y escribe al menos tres cosas por las que estás agradecido.

Espacio para anotaciones personales:

"Porque por gracia sois salvos, por medio de la fe; y esto no de vosotros, pues es don de Dios; no por obras, para que nadie se gloríe."

Este pasaje nos recuerda que nuestra salvación no es el resultado de nuestras acciones, sino un regalo de Dios. La gracia de Dios nos salva y nos ofrece una nueva vida, independientemente de nuestros méritos.

Oración diaria:
"Señor, gracias por Tu gracia que me salva. Ayúdame a vivir en gratitud y a compartir esta buena noticia con otros. Amén."

Pregunta de reflexión:
¿Cómo puedes compartir la gracia de Dios con alguien que lo necesite hoy?

Acción práctica:
Escribe una nota o mensaje a alguien que necesite escuchar sobre la gracia y el amor de Dios.

Espacio para anotaciones personales:

Junio: Día 30 - Salmos 119:11
"En mi corazón he guardado tus dichos, para no pecar contra ti."

Almacenando la Palabra de Dios en nuestros corazones, nos fortalecemos para resistir la tentación y vivir de acuerdo a Su voluntad. La memoria de las Escrituras nos ayuda a tomar decisiones sabias y a alejarnos del pecado.

Oración diaria:
"Señor, ayúdame a guardar Tu Palabra en mi corazón para que me guíe en mis acciones y pensamientos. Amén."

Pregunta de reflexión:
¿Qué versículo puedes memorizar esta semana para ayudarte a vivir de acuerdo a la Palabra de Dios?

Acción práctica:
Elige un versículo que desees memorizar y repítelo a lo largo del día. Escribe una nota con el versículo y colócala en un lugar visible.

Espacio para anotaciones personales:

Julio: Día 1 - Salmos 121:1-2
"Alzaré mis ojos a los montes; ¿de dónde vendrá mi socorro? Mi socorro viene de Jehová, que hizo los cielos y la tierra."

Este pasaje nos recuerda que nuestra ayuda y fortaleza provienen de Dios. Al mirar a los cielos, podemos encontrar consuelo en la idea de que el Creador del universo está siempre dispuesto a ayudarnos en momentos de necesidad.

Oración diaria:
"Señor, hoy elevo mis ojos hacia Ti, reconociendo que mi socorro viene de Ti. Confío en Tu ayuda en cada situación. Amén."

Pregunta de reflexión:
¿En qué áreas de tu vida necesitas el socorro de Dios en este momento?

Acción práctica:
Dedica un momento para orar por una necesidad específica y confía en que Dios te responderá.

Espacio para anotaciones personales:

Julio: Día 2 - Salmos 28:7
"El Señor es mi fortaleza y mi escudo; en Él confía mi corazón, y soy ayudado."

La mano protectora de Dios está siempre sobre nosotros, guiándonos y protegiéndonos de peligros visibles e invisibles.

Oración diaria:
"Señor, gracias por ser mi refugio y mi escudo. Confío en Tu protección en todo momento. Amén."

Pregunta de reflexión:
¿Hay una decisión importante en tu vida en la que necesitas confiar más en Dios?

Acción práctica:
Escribe una lista de decisiones que estás enfrentando y ora específicamente por cada una, pidiendo la guía de Dios.

Espacio para anotaciones personales:

Julio: Día 3 - Romanos 8:28
"Y sabemos que a los que aman a Dios, todas las cosas les ayudan a bien."

Este versículo nos da esperanza, recordándonos que incluso las circunstancias difíciles pueden servir a un propósito mayor en nuestras vidas. Cuando amamos a Dios, podemos confiar en que todo lo que sucede, en última instancia, nos beneficia.

Oración diaria:
"Señor, gracias por Tu promesa de que todas las cosas trabajan para mi bien. Ayúdame a mantener la fe en momentos difíciles. Amén."

Pregunta de reflexión:
¿Qué situación en tu vida puedes ver desde una nueva perspectiva de que está trabajando para tu bien?

Acción práctica:
Reflexiona sobre una experiencia difícil en tu vida y escribe cómo podría haberte beneficiado a largo plazo.

Espacio para anotaciones personales:

Julio: Día 4 - Filipenses 4:6-7

"Por nada estéis afanosos, sino sean conocidas vuestras peticiones delante de Dios en toda oración y ruego, con acción de gracias; y la paz de Dios, que sobrepasa todo entendimiento, guardará vuestros corazones y vuestros pensamientos en Cristo Jesús."

Este pasaje nos anima a llevar nuestras preocupaciones a Dios en oración. La acción de gracias es esencial, ya que nos recuerda las bendiciones que ya tenemos. Al hacerlo, Dios nos ofrece paz en medio de nuestras luchas.

Oración diaria:
"Señor, te entrego mis preocupaciones y agradezco por todas las bendiciones en mi vida. Dame paz en cada situación. Amén."

Pregunta de reflexión:
¿Cuáles son tus principales preocupaciones que necesitas entregar a Dios hoy?

Acción práctica:
Escribe tus peticiones y también tres cosas por las que estás agradecido. Ofrece esta lista a Dios en oración.

Espacio para anotaciones personales:

Julio: Día 5 - Salmos 139:13-14
"Porque tú formaste mis entrañas; Tú me hiciste en el vientre de mi madre. Te alabaré; porque formidables, maravillosas son tus obras; Estoy maravillado, y mi alma lo sabe muy bien."

Este versículo nos recuerda que cada uno de nosotros es una obra maestra creada por Dios. Nos invita a apreciar nuestra propia vida y a reconocer la grandeza del Creador que nos formó con amor.

Oración diaria:
"Señor, gracias por crearme de manera única. Ayúdame a ver el valor en mí mismo y en los demás. Amén."

Pregunta de reflexión:
¿Cómo puedes recordar y celebrar tu valor único como creación de Dios?

Acción práctica:
Haz algo hoy que te haga sentir bien contigo mismo, ya sea cuidarte físicamente o disfrutar de un hobby que amas.

Espacio para anotaciones personales:

Julio: Día 6 - Colosenses 3:23-24

"Y todo lo que hacéis, hacedlo de corazón, como para el Señor y no para los hombres; Sabiendo que del Señor recibiréis la recompensa de la herencia, porque a Cristo el Señor servís."

Este pasaje nos recuerda que el trabajo que hacemos, ya sea en casa o en el trabajo, debe hacerse con la intención de servir a Dios. Cuando vemos nuestras tareas como un servicio a Él, encontramos propósito y motivación en todo lo que hacemos.

Oración diaria:
"Señor, ayúdame a hacer todo lo que hago como para Ti. Quiero servirte en cada tarea. Amén."

Pregunta de reflexión:
¿Hay áreas en tu vida donde puedes trabajar con más dedicación y corazón?

Acción práctica:
Elige una tarea que normalmente consideres rutinaria y hazla con la intención de servir a Dios, poniendo un esfuerzo extra en ella.

Espacio para anotaciones personales:

Julio: Día 7 - Salmos 51:12
"Restitúyeme el gozo de tu salvación, y espíritu noble me sustente."

El gozo de la salvación no es temporal, sino un regalo eterno que nos llena de esperanza y gratitud, recordándonos que hemos sido redimidos por la gracia de Dios.

Oración diaria:
"Señor, gracias por el gozo de Tu salvación. Que mi vida sea un reflejo de esa alegría y gratitud que viene de Ti. Amén."

Pregunta de reflexión:
¿En qué áreas de tu vida necesitas refugio y fortaleza hoy?

Acción práctica:
Escribe un versículo que te brinde fuerza y colócalo en un lugar visible para que te recuerde el apoyo de Dios.

Espacio para anotaciones personales:

Julio: Día 8 - Proverbios 18:10
"Torre fuerte es el nombre de Jehová; A él correrá el justo y será levantado."

Este versículo nos recuerda que en tiempos de dificultad, el nombre de Dios es un refugio seguro. Al acudir a Él, encontramos seguridad y apoyo, lo que nos permite levantarnos y seguir adelante.

Oración diaria:
"Señor, reconozco que Tu nombre es mi refugio. Ayúdame a correr hacia Ti en tiempos de necesidad. Amén."

Pregunta de reflexión:
¿Qué significa para ti encontrar refugio en el nombre de Dios?

Acción práctica:
Cuando enfrentes una situación difícil hoy, toma un momento para orar y acudir a Dios como tu refugio.

Espacio para anotaciones personales:

Julio: Día 9 - Romanos 12:12
"Gozosos en la esperanza; sufridos en la tribulación; constantes en la oración."

Este versículo nos anima a mantener la esperanza y la alegría, incluso en medio de las dificultades. La oración es fundamental para nuestra resistencia, permitiéndonos conectar con Dios y encontrar fortaleza.

Oración diaria:
"Señor, ayúdame a ser constante en la oración y a encontrar alegría en la esperanza. Fortalece mi fe. Amén."

Pregunta de reflexión:
¿Cómo puedes mantenerte gozoso en la esperanza en medio de las pruebas que enfrentas?

Acción práctica:
Dedica un tiempo hoy para orar y reflexionar sobre las cosas que te dan esperanza, escribiendo tus pensamientos.

Espacio para anotaciones personales:

Julio: Día 10 - 1 Pedro 5:7
"Echando toda vuestra ansiedad sobre él, porque él tiene cuidado de vosotros."

Este versículo nos recuerda que Dios se preocupa por nosotros y nos invita a entregarle nuestras preocupaciones. En un mundo lleno de estrés y ansiedad, es un alivio saber que no estamos solos y que podemos confiar en Su cuidado.

Oración diaria:
"Señor, hoy te entrego mis ansiedades. Gracias por cuidar de mí y recordarme que no tengo que cargar con mis preocupaciones solo. Amén."

Pregunta de reflexión:
¿Qué ansiedades necesitas entregar a Dios hoy?

Acción práctica:
Escribe en un papel tus preocupaciones y luego quémalo o arrúgalo como símbolo de entregarlas a Dios.

Espacio para anotaciones personales:

Julio: Día 11 - Efesios 4:32
"Antes sed benignos unos con otros, misericordiosos, perdonándoos unos a otros, como Dios también os perdonó a vosotros en Cristo."

Este pasaje nos recuerda la importancia de la bondad y el perdón en nuestras relaciones. En un mundo donde el resentimiento puede crecer fácilmente, debemos esforzarnos por ser compasivos y perdonar, reflejando el amor de Dios.

Oración diaria:
"Señor, ayúdame a ser misericordioso y a perdonar a quienes me han lastimado. Quiero reflejar Tu amor en mis acciones. Amén."

Pregunta de reflexión:
¿Hay alguien a quien necesites perdonar en tu vida?

Acción práctica:
Escribe una nota o mensaje a alguien que necesite tu perdón o que tú necesites perdonar, expresando tu disposición a reconciliarte.

Espacio para anotaciones personales:

Julio: Día 12 - Mateo 5:16

"Así alumbre vuestra luz delante de los hombres, para que vean vuestras buenas obras, y glorifiquen a vuestro Padre que está en los cielos."

Nuestra vida diaria es una oportunidad para ser un testimonio del poder transformador de Dios. Al vivir con integridad y amor, otros pueden ver la obra de Dios en nosotros.

Oración diaria:
"Señor, que mi vida sea un reflejo de Tu amor y gracia, para que otros puedan conocerte a través de mí. Amén."

Pregunta de reflexión:
¿Cómo puedes hacer de la lectura de la Biblia una parte más constante de tu vida diaria?

Acción práctica:
Establece un tiempo específico hoy para leer y meditar en un pasaje de la Biblia que te hable.

Espacio para anotaciones personales:

Julio: Día 13 - Gálatas 5:22-23

"Mas el fruto del Espíritu es amor, gozo, paz, paciencia, benignidad, bondad, fe, mansedumbre, templanza; contra tales cosas no hay ley."

Explicación humanizada:
Este pasaje nos presenta las características que debemos buscar en nuestras vidas si estamos guiados por el Espíritu Santo. Cultivar estos frutos no solo enriquece nuestra vida, sino también la de quienes nos rodean.

Oración diaria:
"Señor, ayúdame a cultivar el fruto del Espíritu en mi vida. Quiero reflejar Tu amor y paz en todo lo que hago. Amén."

Pregunta de reflexión:
¿Qué fruto del Espíritu necesitas desarrollar más en tu vida?

Acción práctica:
Elige uno de los frutos del Espíritu y haz un esfuerzo consciente para manifestarlo en tus interacciones hoy.

Espacio para anotaciones personales:

Julio: Día 14 – Proverbios 15:1
"La blanda respuesta quita la ira; mas la palabra áspera hace subir el furor."

Explicación humanizada:
Este versículo nos enseña la importancia de la comunicación en nuestras relaciones. Una respuesta amable puede desescalar conflictos y mejorar las interacciones, mientras que las palabras ásperas solo generan más tensión.

Oración diaria:
"Señor, dame la sabiduría para responder con amabilidad, incluso en momentos de tensión. Quiero ser un instrumento de paz. Amén."

Pregunta de reflexión:
¿Hay una situación en la que podrías aplicar una respuesta más amable?

Acción práctica:
Practica dar una respuesta suave en un momento de tensión hoy y observa cómo cambia la dinámica.

Espacio para anotaciones personales:

Julio: Día 15 - 2 Corintios 5:17

"De modo que si alguno está en Cristo, nueva criatura es; las cosas viejas pasaron; he aquí todas son hechas nuevas."

Este versículo nos recuerda que, al aceptar a Cristo, tenemos la oportunidad de comenzar de nuevo. Nuestras fallas y errores no definen nuestra identidad, sino que somos hechos nuevos en Él.

Oración diaria:
"Señor, gracias por la nueva vida que tengo en Ti. Ayúdame a dejar atrás lo viejo y abrazar la transformación que traes. Amén."

Pregunta de reflexión:
¿Hay algo en tu vida que necesites dejar atrás para avanzar como nueva criatura en Cristo?

Acción práctica:
Escribe una lista de cosas que deseas dejar atrás y ora por la fuerza para hacerlo.

Espacio para anotaciones personales:

Julio: Día 16 – Salmos 37:4
"Deléitate asimismo en Jehová, y él te concederá las peticiones de tu corazón."

Este versículo nos recuerda que cuando encontramos alegría en Dios, nuestras peticiones se alinean con Su voluntad. Delitarnos en Él cambia nuestras perspectivas y deseos.

Oración diaria:
"Señor, ayúdame a encontrar mi deleite en Ti. Quiero que mis deseos reflejen Tu voluntad. Amén."

Pregunta de reflexión:
¿En qué áreas de tu vida puedes enfocarte más en encontrar alegría en Dios?

Acción práctica:
Dedica un tiempo hoy a hacer algo que te acerque a Dios, como orar, leer la Biblia o disfrutar de la creación.

Espacio para anotaciones personales:

Julio: Día 17 - Efesios 6:10
"Por lo demás, hermanos míos, fortaleceos en el Señor, y en el poder de su fuerza."

Este versículo nos llama a apoyarnos en la fuerza de Dios en lugar de nuestras propias habilidades. En tiempos de dificultad, recordar que Su poder es más grande que nuestras limitaciones nos fortalece.

Oración diaria:
"Señor, fortaléceme con Tu poder. Quiero confiar en Ti en cada desafío que enfrento. Amén."

Pregunta de reflexión:
¿Cuáles son tus limitaciones que necesitas entregar a Dios para recibir Su fortaleza?

Acción práctica:
Identifica un área en la que te sientas débil y ora por la fuerza de Dios para enfrentarla.

Espacio para anotaciones personales:

Julio: Día 18 – Mateo 6:33
"Mas buscad primeramente el reino de Dios y su justicia, y todas estas cosas os serán añadidas."

Este versículo nos invita a priorizar nuestra relación con Dios sobre todo lo demás. Cuando buscamos Su reino, las preocupaciones materiales y las necesidades de la vida se manejan en Su tiempo.

Oración diaria:
"Señor, hoy elijo buscar Tu reino primero. Confío en que Tú proveerás lo que necesito. Amén."

Pregunta de reflexión:
¿Hay algo que te impide buscar primero el reino de Dios?

Acción práctica:
Dedica tiempo hoy a estudiar la Palabra de Dios o participar en una actividad de servicio.

Espacio para anotaciones personales:

Julio: Día 19 - Salmos 28:7
"Jehová es mi fortaleza y mi escudo; en él confió mi corazón, y fui ayudado."

La verdadera fortaleza no proviene de nosotros mismos, sino de nuestra confianza en Dios. Él es nuestro refugio en los momentos de debilidad, y en Él encontramos fuerzas renovadas para seguir adelante.

Oración diaria:
"Padre, en mis momentos de debilidad, confío en Tu fortaleza. Gracias por sostenerme siempre. Amén."

Pregunta de reflexión:
¿Cuáles son las áreas de tu vida donde necesitas experimentar más la paz que solo Dios puede ofrecer?

Acción práctica:
Busca un lugar tranquilo para meditar y orar. Permítete descansar en la presencia de Dios.

Espacio para anotaciones personales:

Julio: Día 20 - Romanos 12:2

"No os conforméis a este siglo, sino transformaos por medio de la renovación de vuestro entendimiento, para que comprobéis cuál sea la buena voluntad de Dios, agradable y perfecta."

Este versículo nos anima a no dejarnos llevar por los valores del mundo. En cambio, debemos renovar nuestra mente para entender mejor la voluntad de Dios. Este proceso transforma nuestras vidas y nos acerca a Su propósito.

Oración diaria:
"Señor, renueva mi mente y ayúdame a discernir Tu voluntad en cada decisión que tomo. Quiero vivir para Ti. Amén."

Pregunta de reflexión:
¿Qué aspectos del mundo te están presionando a conformarte en lugar de seguir a Dios?

Acción práctica:
Dedica tiempo hoy a leer un libro o recurso que te ayude a crecer en tu fe y renovar tu entendimiento.

Espacio para anotaciones personales:

Julio: Día 21 - Santiago 5:16
"La oración eficaz del justo puede mucho."

La oración no solo es comunicación con Dios, sino una poderosa herramienta que nos permite experimentar Su presencia y Su poder. A través de la oración, recibimos fortaleza, paz y guía.

Oración diaria:
"Señor, ayúdame a buscarte en oración cada día, confiando en Tu poder y en Tu respuesta en todas las situaciones. Amén."

Pregunta de reflexión:
¿Cuáles son los desafíos que sientes que no puedes enfrentar sin la ayuda de Dios?

Acción práctica:
Identifica un reto actual y ora específicamente por fortaleza y dirección en esa área.

Espacio para anotaciones personales:

Julio: Día 22 - Jeremías 31:3
"Con amor eterno te he amado; por tanto, te prolongué mi misericordia."

El amor de Dios es incondicional, sin restricciones ni condiciones. Él nos ama tal como somos y nos invita a experimentar la plenitud de Su amor en nuestras vidas.

Oración diaria:
"Gracias, Señor, por Tu amor incondicional. Ayúdame a reflejar ese amor en mi vida diaria y hacia los demás. Amén."

Pregunta de reflexión:
¿En qué áreas de tu vida necesitas más fe y confianza en Dios?

Acción práctica:
Haz una lista de decisiones que estás considerando y ora por la guía de Dios en cada una de ellas.

Espacio para anotaciones personales:

"Soportándoos unos a otros, y perdonándoos unos a otros si alguno tuviere queja contra otro. De la manera que Cristo os perdonó, así también hacedlo vosotros."

El perdón no solo nos libera de la carga del resentimiento, sino que también nos permite experimentar la paz de Dios. Así como hemos sido perdonados por Cristo, somos llamados a perdonar a los demás.

Oración diaria:
"Señor, dame un corazón dispuesto a perdonar, tal como Tú me has perdonado. Que a través del perdón, encuentre paz y libertad. Amén."

Pregunta de reflexión:
¿Cuándo has experimentado la ayuda de Dios en tus momentos de tribulación?

Acción práctica:
Escribe una breve historia sobre un momento en que sentiste la ayuda de Dios en tu vida y compártela con alguien.

Espacio para anotaciones personales:

Julio: Día 24 – Salmos 139:14

"Te alabaré; porque formidables, maravillosas son tus obras; estoy maravillado; y mi alma lo sabe muy bien."

Este salmo nos invita a reconocer la maravilla de la creación de Dios, incluyendo a nosotros mismos. Cada uno de nosotros es una obra maestra, y debemos alabar a Dios por la vida que nos ha dado y por todo lo que somos. Este es un recordatorio de que debemos valorarnos y apreciar nuestra singularidad.

Oración diaria:
"Señor, gracias por hacerme a Tu imagen y por las maravillas que has creado. Ayúdame a ver mi valor en Ti. Amén."

Pregunta de reflexión:
¿De qué manera puedes celebrar la creación de Dios en ti y en los demás?

Acción práctica:
Haz una lista de las cualidades que aprecias en ti mismo y agradece a Dios por ellas.

Espacio para anotaciones personales:

Julio: Día 25 - Romanos 8:28

"Y sabemos que a los que aman a Dios, todas las cosas les ayudan a bien; esto es, a los que conforme a su propósito son llamados."

Explicación humanizada:
Este versículo nos recuerda que Dios puede usar incluso las situaciones difíciles para nuestro beneficio. Cuando amamos a Dios y seguimos Su propósito, podemos tener la confianza de que todo lo que sucede tiene un propósito mayor.

Oración diaria:
"Señor, ayúdame a confiar en que todo lo que enfrento es parte de Tu plan. Gracias por usar cada experiencia para mi bien. Amén."

Pregunta de reflexión:
¿Cómo has visto a Dios trabajar en tu vida a través de las dificultades?

Acción práctica:
Escribe sobre una dificultad que has enfrentado y reflexiona sobre cómo te ha ayudado a crecer.

Espacio para anotaciones personales:

Julio: Día 26 - Juan 14:27

"La paz os dejo, mi paz os doy; yo no os la doy como el mundo la da. No se turbe vuestro corazón, ni tenga miedo."

Jesús nos ofrece una paz que trasciende las circunstancias. Esta paz no depende de lo que sucede a nuestro alrededor, sino que es un regalo de Su presencia. Nos anima a no dejarnos llevar por el miedo o la ansiedad.

Oración diaria:
"Señor, gracias por la paz que me ofreces. Ayúdame a vivir en esa paz y a no dejarme llevar por el miedo. Amén."

Pregunta de reflexión:
¿En qué áreas de tu vida necesitas más de la paz de Cristo?

Acción práctica:
Practica un momento de silencio y meditación, permitiendo que la paz de Cristo llene tu corazón.

Espacio para anotaciones personales:

Julio: Día 27 - Hebreos 11:1
"Es, pues, la fe la certeza de lo que se espera, la convicción de lo que no se ve."

Este versículo define la fe como una confianza firme en las promesas de Dios, incluso cuando no podemos verlas. La fe nos permite sostenernos en esperanza y seguir adelante, a pesar de las incertidumbres de la vida.

Oración diaria:
"Señor, ayúdame a fortalecer mi fe en Ti. Quiero confiar en tus promesas, aun cuando no pueda ver el camino. Amén."

Pregunta de reflexión:
¿En qué áreas de tu vida necesitas un mayor nivel de fe?

Acción práctica:
Escribe un área de tu vida donde deseas ver un cambio y haz una oración de fe por eso. Comprométete a confiar en Dios y espera Su respuesta.

Espacio para anotaciones personales:

Julio: Día 28 - 1 Pedro 5:7
"Echando toda vuestra ansiedad sobre él, porque él tiene cuidado de vosotros."

Este versículo nos recuerda que no tenemos que cargar con nuestras ansiedades solos. Dios se preocupa profundamente por nosotros y quiere que le entreguemos nuestras preocupaciones. Al hacerlo, podemos experimentar una libertad emocional y espiritual.

Oración diaria:
"Señor, hoy te entrego mis preocupaciones. Gracias por cuidar de mí y por llevar mis cargas. Amén."

Pregunta de reflexión:
¿Qué ansiedades o preocupaciones necesitas entregar a Dios hoy?

Acción práctica:
Escribe una lista de tus preocupaciones y, al final del día, ora sobre cada una de ellas, entregándoselas a Dios.

Espacio para anotaciones personales:

Julio: Día 29 - Juan 8:12

"Otra vez Jesús les habló, diciendo: Yo soy la luz del mundo; el que me sigue, no andará en tinieblas, sino que tendrá la luz de la vida."

Seguir a Cristo es caminar en Su luz. En los momentos más oscuros, Su luz nos guía, nos ilumina y nos da esperanza. En Su luz, encontramos dirección y propósito.

Oración diaria:
"Jesús, ilumina mi camino con Tu luz y ayúdame a caminar en la verdad. Que nunca me aparte de Tu luz gloriosa. Amén."

Pregunta de reflexión:
¿En qué áreas de tu vida sientes que necesitas renovar tus fuerzas?

Acción práctica:
Dedica un tiempo hoy para meditar en la presencia de Dios y pedirle que renueve tus fuerzas. Puedes hacerlo mediante la oración o la lectura de la Biblia.

Espacio para anotaciones personales:

Julio: Día 30 – Jeremías 29:11

"Porque yo sé los pensamientos que tengo acerca de vosotros, dice Jehová, pensamientos de paz, y no de mal, para daros el fin que esperáis."

Dios ha diseñado cada aspecto de nuestra vida con un propósito divino. Al confiar en Sus planes, podemos caminar con confianza y vivir una vida plena, sabiendo que Él está orquestando nuestro futuro.

Oración diaria:
"Padre, confío en Tus planes para mi vida. Ayúdame a caminar en Tu propósito y a vivir de acuerdo con Tu voluntad. Amén."

Pregunta de reflexión:
¿Qué deseos en tu corazón necesitas entregar a Dios para que Él los alinee con Su voluntad?

Acción práctica:
Tómate un momento para reflexionar sobre tus deseos y escribe una oración pidiendo a Dios que te guíe en ellos.

Espacio para anotaciones personales:

Julio: Día 31 - Efesios 3:20

"Y a aquel que es poderoso para hacer todas las cosas mucho más abundantemente de lo que pedimos o entendemos, según el poder que actúa en nosotros."

Este versículo nos recuerda que Dios tiene el poder de hacer mucho más de lo que podemos imaginar. A veces limitamos nuestras expectativas, pero Dios siempre puede superar nuestras limitaciones. Nos invita a confiar en Su poder que obra en nosotros.

Oración diaria:
"Señor, gracias por Tu poder en mi vida. Ayúdame a soñar en grande y a esperar cosas increíbles de Ti. Amén."

Pregunta de reflexión:
¿Qué cosas has estado pidiendo a Dios que podrían ser superadas por Su poder?

Acción práctica:
Escribe un sueño o una petición grande que tienes y ora pidiendo a Dios que te muestre Su poder en esa situación.

Espacio para anotaciones personales:

Agosto: Día 1 - Salmos 147:3
"Él sana a los quebrantados de corazón, y venda sus heridas."

El amor de Dios tiene el poder de sanar las heridas más profundas de nuestra vida. En Sus brazos, encontramos consuelo, restauración y una nueva oportunidad para vivir en plenitud.

Oración diaria:
"Padre, trae sanidad a mi corazón a través de Tu amor. Ayúdame a sentir Tu presencia restauradora en cada área de mi vida. Amén."

Pregunta de reflexión:
¿Cómo has experimentado la guía de Dios a través de Su Palabra en tu vida?

Acción práctica:
Dedica tiempo hoy para leer un pasaje de la Biblia y reflexiona sobre cómo puedes aplicar ese mensaje en tu vida.

Espacio para anotaciones personales:

Agosto: Día 2 - Proverbios 11:25
"El alma generosa será prosperada; y el que saciare, él también será saciado."

La generosidad no solo se trata de dar bienes materiales, sino de compartir el amor, el tiempo y el cuidado con los demás. Cuando damos de corazón, reflejamos el carácter de Cristo y somos bendecidos en el proceso.

Oración diaria:
"Señor, dame un corazón generoso y dispuesto a bendecir a los demás. Que a través de mi generosidad, otros puedan ver Tu amor. Amén."

Pregunta de reflexión:
¿Hay alguna área de tu vida donde te cueste confiar plenamente en Dios?

Acción práctica:
Escribe una situación en la que te sientas inseguro y ora pidiendo a Dios que te ayude a confiar en Su plan.

Espacio para anotaciones personales:

Agosto: Día 3 - Filipenses 4:6-7

"Por nada estéis afanosos, sino sean conocidas vuestras peticiones delante de Dios en toda oración y ruego, con acción de gracias. Y la paz de Dios, que sobrepasa todo entendimiento, guardará vuestros corazones y vuestros pensamientos en Cristo Jesús."

Este versículo nos invita a dejar de lado la ansiedad y a presentar nuestras preocupaciones a Dios. Al hacerlo, podemos experimentar una paz que no se basa en nuestras circunstancias, sino en la confianza en Él.

Oración diaria:
"Señor, te entrego mis preocupaciones y ansiedades. Dame la paz que solo Tú puedes dar. Amén."

Pregunta de reflexión:
¿En qué áreas de tu vida necesitas experimentar más paz?

Acción práctica:
Dedica unos minutos hoy para escribir tus preocupaciones y luego ofrécelas a Dios en oración, pidiendo paz a cambio.

Espacio para anotaciones personales:

Agosto: Día 4 - Romanos 8:28
"Y sabemos que a los que aman a Dios, todas las cosas les ayudan a bien."

Este versículo nos da una poderosa promesa: que, incluso en los momentos difíciles, Dios está obrando para nuestro bien. Esto no significa que todo será fácil, pero sí que Él tiene un propósito en cada situación.

Oración diaria:
"Señor, gracias por Tu promesa de que todo sirve para bien. Ayúdame a ver Tu mano en las circunstancias difíciles de mi vida. Amén."

Pregunta de reflexión:
¿Hay alguna experiencia en tu vida que, aunque dolorosa, hayas visto que Dios la usó para tu bien?

Acción práctica:
Escribe un ejemplo de una dificultad pasada que resultó en un crecimiento personal o espiritual.

Espacio para anotaciones personales:

Agosto: Día 5 - 1 Juan 5:4
"Porque todo lo que es nacido de Dios vence al mundo; y esta es la victoria que ha vencido al mundo, nuestra fe."

La fe en Dios es la clave para superar cualquier obstáculo que enfrentemos en la vida. Confiar en Sus promesas y Su poder nos da la victoria, incluso cuando las circunstancias parecen imposibles de superar.

Oración diaria:
"Señor, fortalece mi fe para que pueda superar cualquier desafío con la certeza de que Tú estás conmigo. Amén."

Pregunta de reflexión:
¿Cuándo has sentido la necesidad de refugiarte en Dios en medio de dificultades?

Acción práctica:
Identifica una situación actual que te cause estrés y ora a Dios pidiéndole que sea tu refugio en ella.

Espacio para anotaciones personales:

Agosto: Día 6 - Marcos 4:39
"Y levantándose, reprendió al viento, y dijo al mar: Calla, enmudece. Y cesó el viento, y se hizo grande bonanza."

En medio de las tormentas de la vida, podemos encontrar paz al recordar que Jesús tiene el control. Cuando confiamos en Él, podemos experimentar serenidad, sabiendo que Él calma cualquier tempestad que enfrentemos.

Oración diaria:
"Jesús, trae serenidad a mi vida en medio de las tormentas. Ayúdame a confiar en que Tú tienes el control y me guiarás hacia la calma. Amén."

Pregunta de reflexión:
¿Cuál de estos frutos sientes que necesitas cultivar más en tu vida?

Acción práctica:
Elige un fruto del Espíritu que quieras enfocar hoy y haz una acción consciente para manifestarlo en tus interacciones.

Espacio para anotaciones personales:

Agosto: Día 7 - Mateo 6:33
"Mas buscad primeramente el reino de Dios y su justicia, y todas estas cosas os serán añadidas."

Este versículo nos recuerda la importancia de priorizar nuestra relación con Dios por encima de las preocupaciones materiales. Al enfocarnos en Su reino, confiamos en que Él proveerá lo que necesitamos.

Oración diaria:
"Señor, quiero buscarte a Ti primero en mi vida. Ayúdame a confiar en que proveerás para mis necesidades. Amén."

Pregunta de reflexión:
¿Qué cosas de este mundo tienden a distraerte de buscar primero el reino de Dios?

Acción práctica:
Dedica tiempo hoy para orar y leer la Biblia, poniendo a Dios en el centro de tus prioridades.

Espacio para anotaciones personales:

Agosto: Día 8 - Salmos 139:14

"Te alabaré; porque formidables, maravillosas son tus obras; estoy maravillado; y mi alma lo sabe muy bien."

Este versículo celebra la maravilla de la creación de Dios y nos recuerda que cada uno de nosotros es una obra maestra. A veces, necesitamos recordar que somos valiosos y únicos a los ojos de Dios.

Oración diaria:
"Señor, gracias por crearme de manera única. Ayúdame a reconocer mi valor y a vivir de acuerdo con Tu propósito. Amén."

Pregunta de reflexión:
¿Cuándo fue la última vez que te sentiste agradecido por quién eres en Cristo?

Acción práctica:
Escribe tres cosas que te gustan de ti mismo y dale gracias a Dios por ellas.

Espacio para anotaciones personales:

Agosto: Día 9 - Proverbios 18:10
"Torre fuerte es el nombre de Jehová; a él correrá el justo y será levantado."

Este versículo nos recuerda que en tiempos de angustia, podemos encontrar refugio en el nombre de Dios. Su nombre es un símbolo de fortaleza y seguridad para aquellos que confían en Él.

Oración diaria:
"Señor, en Ti encuentro mi refugio y fortaleza. Ayúdame a confiar en Tu nombre en todo momento. Amén."

Pregunta de reflexión:
En qué circunstancias has buscado refugio en Dios y cómo te ha sostenido?

Acción práctica:
Hoy, repite el nombre de Dios en oración y reflexiona sobre Su poder y protección en tu vida.

Espacio para anotaciones personales:

Agosto: Día 10 - Romanos 12:2
"No os conforméis a este siglo, sino transformaos por medio de la renovación de vuestro entendimiento, para que comprobéis cuál sea la buena voluntad de Dios, agradable y perfecta."

Este versículo nos desafía a no dejarnos llevar por las normas y valores del mundo. En lugar de eso, somos llamados a renovarnos y a buscar la voluntad de Dios en nuestras vidas. En un mundo lleno de distracciones, esto requiere esfuerzo y disciplina.

Oración diaria:
"Señor, ayúdame a no conformarme a las normas del mundo, sino a buscar Tu voluntad y a renovar mi mente cada día. Amén."

Pregunta de reflexión:
¿Qué cambios puedes hacer en tu vida diaria para alinearte más con la voluntad de Dios?

Acción práctica:
Dedica tiempo hoy para leer un libro o un artículo que te ayude a entender mejor la perspectiva de Dios sobre un tema que te preocupa.

Espacio para anotaciones personales:

Agosto: Día 11 - 1 Pedro 5:7
"Echando toda vuestra ansiedad sobre él, porque él tiene cuidado de vosotros."

Este versículo nos recuerda que no estamos solos en nuestras luchas. Dios se preocupa por nosotros y nos invita a entregar nuestras ansiedades a Él. En momentos de estrés, es reconfortante saber que podemos contar con Su apoyo.

Oración diaria:
"Señor, te entrego mis preocupaciones y ansiedades. Gracias por cuidarme y estar siempre presente en mi vida. Amén."

Pregunta de reflexión:
¿Cuáles son las ansiedades que necesitas entregar a Dios hoy?

Acción práctica:
Escribe una lista de tus preocupaciones y ora pidiendo a Dios que te ayude a liberarlas.

Espacio para anotaciones personales:

Agosto: Día 12 - Efesios 2:8-9

"Porque por gracia sois salvos, por medio de la fe; y esto no de vosotros, pues es don de Dios; no por obras, para que nadie se gloríe."

Este pasaje nos recuerda que nuestra salvación no se basa en nuestras obras, sino en la gracia de Dios. En un mundo que a menudo valora los logros personales, es un alivio saber que no tenemos que "ganar" el amor de Dios.

Oración diaria:
"Señor, gracias por Tu gracia y por la salvación que me has ofrecido. Ayúdame a vivir de una manera que honre ese regalo. Amén."

Pregunta de reflexión:
¿Cómo puedes demostrar gratitud por la gracia de Dios en tu vida diaria?

Acción práctica:
Realiza una buena acción hoy sin esperar nada a cambio, como un reflejo de la gracia que has recibido.

Espacio para anotaciones personales:

Agosto: Día 13 - Salmos 34:18

"Cercano está Jehová a los quebrantados de corazón; y salva a los contritos de espíritu."

Este versículo ofrece consuelo a quienes están sufriendo. Dios está cerca de aquellos que tienen el corazón roto y se preocupa profundamente por nuestro dolor. Es un recordatorio de que no estamos solos en nuestros momentos de tristeza.

Oración diaria:
"Señor, te agradezco por estar cerca de mí en mis momentos de dolor. Ayúdame a sentir Tu presencia y consuelo en estos tiempos difíciles. Amén."

Pregunta de reflexión:
¿Has sentido la cercanía de Dios en tiempos de dolor? ¿Cómo te ha ayudado?

Acción práctica:
Hoy, ofrece tu apoyo a alguien que esté sufriendo. Escucha con atención y ofrécele un momento de compañía.

Espacio para anotaciones personales:

Agosto: Día 14 - Santiago 5:16
"La oración eficaz del justo puede mucho."

Cuando oramos, nos conectamos con el poder de Dios. Es a través de la oración que encontramos consuelo, guía y fortaleza para enfrentar cualquier desafío.

Oración diaria:
"Señor, enséñame a orar con fe y perseverancia, sabiendo que Tú escuchas mis clamores. Amén."

Pregunta de reflexión:
¿En qué áreas de tu vida necesitas la fortaleza de Dios en este momento?

Acción práctica:
Haz una lista de tus metas o desafíos y ora sobre cómo Dios puede darte la fuerza para alcanzarlos.

Espacio para anotaciones personales:

Agosto: Día 15 - Proverbios 3:7-8

"No seas sabio en tu propia opinión; teme a Jehová, y apártate del mal; porque será medicina a tus nervios, y refrigerio para tus huesos."

Este pasaje nos recuerda que, en lugar de confiar en nuestra propia sabiduría, debemos buscar la dirección de Dios. Este enfoque no solo nos lleva a una vida más plena, sino que también beneficia nuestra salud física y mental.

Oración diaria:
"Señor, ayúdame a buscar Tu sabiduría en vez de depender de mi propio entendimiento. Amén."

Pregunta de reflexión:
¿Hay alguna decisión en la que necesitas la sabiduría de Dios en este momento?

Acción práctica:
Busca el consejo de alguien de confianza sobre una decisión importante, y reflexiona sobre cómo la sabiduría de Dios puede influir en tu elección.

Espacio para anotaciones personales:

Agosto: Día 16 – Salmos 121:1-2
"Alzaré mis ojos a los montes; ¿de dónde vendrá mi socorro? Mi socorro viene de Jehová, que hizo los cielos y la tierra."

Este versículo destaca que nuestro verdadero socorro proviene de Dios, el Creador. A menudo buscamos ayuda en lugares incorrectos, olvidando que Él es nuestra fuente de fortaleza y protección.

Oración diaria:
"Señor, gracias por ser mi socorro en tiempos de necesidad. Ayúdame a recordar que mi ayuda siempre viene de Ti. Amén."

Pregunta de reflexión:
¿Dónde sueles buscar apoyo en momentos de dificultad?

Acción práctica:
Haz un acto de fe hoy, confiando en Dios para guiarte en una situación que te preocupa.

Espacio para anotaciones personales:

Agosto: Día 17 - Santiago 1:5

"Y si alguno de vosotros tiene falta de sabiduría, pídala a Dios, el cual da a todos abundantemente y sin reproche, y le será dada."

Este versículo nos anima a pedir sabiduría a Dios, quien la ofrece generosamente. En un mundo donde a menudo nos sentimos perdidos o confundidos, es un gran consuelo saber que podemos acudir a Dios para obtener claridad.

Oración diaria:
"Señor, te pido sabiduría en las decisiones que debo tomar. Ayúdame a buscar Tu dirección y confiar en Tu guía. Amén."

Pregunta de reflexión:
¿Hay alguna situación en tu vida donde necesites la sabiduría de Dios?

Acción práctica:
Escribe una oración pidiendo sabiduría para una decisión específica que debas tomar.

Espacio para anotaciones personales:

Agosto: Día 18 - Salmos 27:1
"Jehová es mi luz y mi salvación; ¿de quién temeré? Jehová es la fortaleza de mi vida; ¿de quién he de atemorizarme?"

Este versículo es un poderoso recordatorio de que Dios es nuestra luz y salvación. En tiempos de incertidumbre, podemos encontrar consuelo en la certeza de Su protección y presencia en nuestras vidas.

Oración diaria:
"Señor, gracias por ser mi luz y mi fortaleza. Ayúdame a enfrentar mis temores con confianza en Ti. Amén."

Pregunta de reflexión:
¿Qué temores puedes entregarle a Dios hoy?

Acción práctica:
Identifica un miedo que te detiene y da un paso para enfrentarlo, confiando en que Dios está contigo.

Espacio para anotaciones personales:

Agosto: Día 19 - Romanos 8:28

"Y sabemos que a los que aman a Dios, todas las cosas les ayudan a bien; esto es, a los que conforme a su propósito son llamados."

Este versículo nos asegura que, aunque enfrentemos dificultades, Dios está trabajando en todo para nuestro bien. Nos recuerda que hay un propósito en cada experiencia, y que, al amar a Dios, podemos confiar en que todo contribuirá a nuestro crecimiento y bienestar.

Oración diaria:
"Señor, ayúdame a confiar en que cada situación, buena o mala, es parte de Tu plan para mí. Gracias por Tu amor y por cuidar de mi vida. Amén."

Pregunta de reflexión:
¿Hay alguna experiencia difícil en tu vida que puedas ver como parte del plan de Dios?

Acción práctica:
Reflexiona sobre un desafío pasado que resultó en un aprendizaje positivo y escribe sobre ello en tu diario.

Espacio para anotaciones personales:

Agosto: Día 20 - Juan 14:27
"La paz os dejo, mi paz os doy; yo no os la doy como el mundo la da."

La paz que Cristo nos da no depende de las circunstancias externas. Es una paz interna, profunda y duradera, que nos sostiene en medio de la tormenta.

Oración diaria:
"Señor, llena mi corazón con Tu paz, esa paz que sobrepasa todo entendimiento. Amén."

Pregunta de reflexión:
¿Cómo puedes recordar acudir a Dios como tu refugio en los momentos difíciles?

Acción práctica:
Hoy, toma un momento para orar y entregarle a Dios una preocupación que te está afectando.

Espacio para anotaciones personales:

Agosto: Día 21 - 1 Juan 4:19
"Nosotros le amamos a él, porque él nos amó primero."

Este versículo destaca que nuestro amor hacia Dios es una respuesta a Su amor por nosotros. Al reconocer cuánto nos ama, nuestra capacidad de amar a otros se fortalece. Este amor incondicional nos invita a compartirlo con los que nos rodean.

Oración diaria:
"Señor, gracias por Tu amor incondicional. Ayúdame a amar a los demás de la misma manera que Tú me amas. Amén."

Pregunta de reflexión:
¿Cómo puedes expresar el amor de Dios a quienes te rodean?

Acción práctica:
Realiza un acto de amabilidad hacia alguien hoy, demostrando el amor que has recibido de Dios.

Espacio para anotaciones personales:

Agosto: Día 22 - Proverbios 16:3
"Encomienda a Jehová tus obras, y tus pensamientos serán afirmados."

Este versículo nos invita a poner nuestras metas y planes en las manos de Dios. Al hacerlo, encontramos claridad y dirección, lo que nos ayuda a mantenernos enfocados y en el camino correcto.

Oración diaria:
"Señor, encomiendo mis planes y sueños a Ti. Guíame y ayúdame a mantenerme enfocado en lo que es importante. Amén."

Pregunta de reflexión:
¿Qué planes o proyectos necesitas entregar a Dios hoy?

Acción práctica:
Escribe una lista de tus metas y ora sobre ellas, pidiendo la dirección de Dios en cada una.

Espacio para anotaciones personales:

Agosto: Día 23 - Salmo 133:1
"Mirad cuán bueno y cuán delicioso es habitar los hermanos juntos en armonía."

Dios nos ha llamado a vivir en comunidad. En la iglesia, entre hermanos y hermanas en Cristo, encontramos apoyo, ánimo y un lugar para crecer en nuestra fe.

Oración diaria:
"Señor, gracias por la comunidad de fe que has puesto en mi vida. Ayúdame a ser una bendición para ellos y a recibir su apoyo con humildad. Amén."

Pregunta de reflexión:
¿De qué manera la lectura de la Biblia ha influido en tus decisiones recientes?

Acción práctica:
Dedica tiempo hoy para leer un capítulo de la Biblia y reflexiona sobre cómo se aplica a tu vida.

Espacio para anotaciones personales:

Agosto: Día 24 - Filipenses 4:6-7

"Por nada estéis angustiados; antes bien, en todo, mediante oración y súplica, con acción de gracias, sean dadas a conocer vuestras peticiones delante de Dios. Y la paz de Dios, que sobrepasa todo entendimiento, guardará vuestros corazones y vuestros pensamientos en Cristo Jesús."

Este pasaje nos invita a no preocuparnos, sino a presentar nuestras preocupaciones a Dios con acción de gracias. La promesa es que, al hacerlo, experimentaremos una paz que trasciende nuestra comprensión, protegiendo nuestros corazones y mentes.

Oración diaria:
"Señor, te entrego mis preocupaciones y agradezco por todo lo que has hecho en mi vida. Dame paz en medio de mis circunstancias. Amén."

Pregunta de reflexión:
¿Qué preocupaciones puedes entregar a Dios hoy?

Acción práctica:
Haz una lista de tus peticiones y agradecimientos, y luego ora sobre ellas.

Espacio para anotaciones personales:

Agosto: Día 25 - Salmos 91:1-2
"El que habita al abrigo del Altísimo morará bajo la sombra del
Omnipotente. Diré yo a Jehová: Esperanza mía, y castillo mío;
mi Dios, en quien confiaré."

Este versículo describe la seguridad y protección que
encontramos al refugiarnos en Dios. Nos recuerda que, al estar
en comunión con Él, podemos enfrentar cualquier adversidad con
confianza y paz.

Oración diaria:
"Señor, ayúdame a habitar en Tu presencia y a confiar en Tu
protección en cada aspecto de mi vida. Amén."

Pregunta de reflexión:
¿En qué áreas de tu vida necesitas refugio y seguridad en este
momento?

Acción práctica:
Dedica tiempo a orar y meditar en la presencia de Dios,
entregándole tus preocupaciones y buscando Su paz.

Espacio para anotaciones personales:

Agosto: Día 26 – Santiago 1:5

"Si alguno de vosotros tiene falta de sabiduría, pídala a Dios, el cual da a todos abundantemente y sin reproche, y le será dada."

La verdadera sabiduría proviene de Dios, y está disponible para quienes la buscan con humildad. Cuando confiamos en Su guía, nuestras decisiones están alineadas con Su voluntad perfecta.

Oración diaria:
"Señor, dame la sabiduría que necesito para vivir conforme a Tu voluntad. Ilumina mi camino y mis decisiones. Amén."

Pregunta de reflexión:
¿Cuál de los frutos del Espíritu sientes que necesitas desarrollar más en tu vida?

Acción práctica:
Hoy, elige uno de los frutos del Espíritu y busca maneras de manifestarlo en tu comportamiento hacia los demás.

Espacio para anotaciones personales:

Agosto: Día 27 - Isaías 41:10

"No temas, porque yo estoy contigo; no desmayes, porque yo soy tu Dios; que te esfuerzo; siempre te ayudaré, siempre te sustentaré con la diestra de mi justicia."

Este versículo nos brinda consuelo al recordarnos que Dios está con nosotros en todas las circunstancias. Su promesa de apoyo y fortaleza nos permite enfrentar nuestros temores y desafíos con confianza.

Oración diaria:
"Señor, gracias por Tu promesa de estar conmigo. Ayúdame a enfrentar mis miedos y a confiar en Tu fuerza. Amén."

Pregunta de reflexión:
¿Qué temores necesitas entregar a Dios y confiar en Su presencia?

Acción práctica:
Hoy, enfrenta un miedo o desafío que has estado evitando, confiando en que Dios está contigo.

Espacio para anotaciones personales:

Agosto: Día 28 - 2 Corintios 5:7
"Porque por fe andamos, no por vista."

Este versículo nos enseña que nuestra vida en Cristo debe basarse en la fe, no en lo que vemos. A veces, las circunstancias pueden parecer desalentadoras, pero confiar en Dios nos permite avanzar con la certeza de que Él tiene un plan, incluso cuando no podemos verlo.

Oración diaria:
"Señor, ayúdame a caminar en fe y a confiar en Tus promesas, aun cuando no vea el camino claro. Amén."

Pregunta de reflexión:
¿Cómo puedes fortalecer tu fe en Dios en lugar de depender de lo que puedes ver?

Acción práctica:
Escribe tres situaciones en tu vida donde necesites caminar en fe, y luego ora sobre ellas, pidiendo la guía de Dios.

Espacio para anotaciones personales:

Agosto: Día 29 - Efesios 2:8-9

"Porque por gracia sois salvos por medio de la fe; y esto no de vosotros, pues es don de Dios; no por obras, para que nadie se gloríe."

Este pasaje subraya la gracia de Dios como la base de nuestra salvación. No podemos ganarnos el amor de Dios por nuestras acciones; es un regalo que recibimos por fe. Esto nos libera de la presión de "ser perfectos" y nos invita a vivir con gratitud.

Oración diaria:
"Señor, gracias por Tu gracia inmerecida que me salva. Ayúdame a vivir en gratitud y a reflejar Tu amor hacia los demás. Amén."

Pregunta de reflexión:
¿Cómo puedes demostrar gratitud por la gracia de Dios en tu vida diaria?

Acción práctica:
Hoy, haz algo bueno por alguien sin esperar nada a cambio, como un reflejo de la gracia que has recibido.

Espacio para anotaciones personales:

Agosto: Día 30 - Salmos 34:8
"Gustad y ved que es bueno Jehová; Dichoso el hombre que confía en él."

Este versículo nos invita a experimentar la bondad de Dios por nosotros mismos. Confiar en Él nos lleva a una vida de alegría y satisfacción. Al probar Su fidelidad, encontramos razones para alabarle y confiar en Su provisión.

Oración diaria:
"Señor, deseo experimentar Tu bondad en mi vida. Ayúdame a confiar en Ti y a encontrar alegría en Tu presencia. Amén."

Pregunta de reflexión:
¿De qué manera has experimentado la bondad de Dios en tu vida?

Acción práctica:
Tómate un momento para reflexionar sobre las bendiciones en tu vida y agradece a Dios por ellas.

Espacio para anotaciones personales:

Agosto: Día 31 - Proverbios 3:5-6
"Confía en Jehová con todo tu corazón, y no te apoyes en tu propia prudencia. Reconócelo en todos tus caminos, y él enderezará tus sendas."

Este pasaje nos anima a confiar plenamente en Dios y a buscar Su dirección en todas las áreas de nuestras vidas. Al hacerlo, Él guiará nuestro camino y nos dará la sabiduría que necesitamos para tomar decisiones.

Oración diaria:
"Señor, te confío mis decisiones y planes. Ayúdame a buscar Tu dirección en todo lo que haga. Amén."

Pregunta de reflexión:
¿En qué decisiones necesitas confiar más en Dios y menos en tu propio entendimiento?

Acción práctica:
Hoy, identifica una decisión importante en tu vida y dedícale tiempo a orar, pidiendo la guía de Dios.

Espacio para anotaciones personales:

Septiembre: Día 1 - Mateo 20:26
"El que quiera hacerse grande entre vosotros será vuestro servidor."

En el reino de Dios, la grandeza no se mide por el poder o la posición, sino por la disposición a servir a los demás con humildad y amor. Sigamos el ejemplo de Jesús, que vino a servir y no a ser servido.

Oración diaria:
"Señor, dame un corazón humilde y dispuesto a servir a los demás, siguiendo Tu ejemplo de amor y sacrificio. Amén."

Pregunta de reflexión:
¿Cuál es un desafío actual en tu vida que necesitas enfrentar con la fuerza que Dios te proporciona?

Acción práctica:
Escribe un pequeño desafío que has estado evitando y haz un plan para enfrentarlo hoy.

Espacio para anotaciones personales:

Septiembre: Día 2 - Salmo 51:10
"Crea en mí, oh Dios, un corazón limpio, y renueva un espíritu recto dentro de mí."

Cuando nos abrimos a Dios, Él transforma nuestro corazón y nos renueva por completo. Con un corazón abierto, podemos experimentar Su amor sanador y la paz que sólo Él puede ofrecer.

Oración diaria:
"Señor, abre mi corazón a Tu amor transformador y renueva mi espíritu cada día. Amén."

Pregunta de reflexión:
¿De qué manera has experimentado la guía de Dios a través de Su palabra en tu vida?

Acción práctica:
Dedica unos minutos hoy para leer un pasaje de la Biblia y reflexionar sobre su aplicación en tu vida.

Espacio para anotaciones personales:

Septiembre: Día 3 – Jeremías 29:11
"Porque yo sé los planes que tengo para vosotros, dice Jehová,
planes de paz, y no de mal, para daros el fin que esperáis."

Este versículo nos asegura que Dios tiene un propósito para cada
uno de nosotros. Aunque a veces enfrentemos dificultades,
podemos confiar en que Su plan es bueno y nos llevará a un
futuro lleno de esperanza.

Oración diaria:
"Señor, confío en que tienes un plan para mi vida. Ayúdame a
ser paciente y a confiar en Ti mientras espero. Amén."

Pregunta de reflexión:
¿Cuál es una esperanza o sueño que has confiado en Dios?

Acción práctica:
Escribe tus sueños y espera en Dios por ellos. Tómate un tiempo
para orar por cada uno.

Espacio para anotaciones personales:

Septiembre: Día 4 - Romanos 12:2
"No os conforméis a este siglo, sino transformaos por medio de la renovación de vuestro entendimiento, para que comprobéis cuál sea la buena voluntad de Dios, agradable y perfecta."

Este versículo nos invita a no dejarnos llevar por las tendencias del mundo, sino a renovarnos y transformarnos a través de la fe. Al hacerlo, podemos entender y vivir la voluntad de Dios para nuestras vidas.

Oración diaria:
"Señor, ayúdame a renovarme cada día y a buscar Tu voluntad en todo lo que hago. Amén."

Pregunta de reflexión:
¿Qué aspectos de tu vida necesitas renovar para alinearte mejor con la voluntad de Dios?

Acción práctica:
Identifica un hábito o pensamiento que necesites cambiar y toma un pequeño paso hacia la transformación.

Espacio para anotaciones personales:

Septiembre: Día 5 - Salmo 95:6
"Venid, adoremos y postrémonos; arrodillémonos delante de Jehová nuestro Hacedor."

La adoración nos acerca a Dios y fortalece nuestra relación con Él. En la adoración, reconocemos Su grandeza y majestad, y encontramos fuerzas para enfrentar las pruebas de la vida.

Oración diaria:
"Padre celestial, recibe mi adoración y transforma mi corazón mientras me acerco más a Ti. Amén."

Pregunta de reflexión:
¿Cuál de estos frutos necesitas cultivar más en tu vida?

Acción práctica:
Hoy, elige una forma de mostrar amor o bondad a alguien en tu entorno.

Espacio para anotaciones personales:

Septiembre: Día 6 - 1 Pedro 5:7
"Echando toda vuestra ansiedad sobre él, porque él tiene cuidado de vosotros."

Este versículo nos recuerda que no estamos solos en nuestras luchas. Dios se preocupa por nosotros y nos invita a entregarle nuestras ansiedades, lo que nos libera del peso emocional y nos da paz.

Oración diaria:
"Señor, te entrego mis preocupaciones y ansiedades. Gracias por cuidar de mí. Amén."

Pregunta de reflexión:
¿Qué ansiedades puedes entregarle a Dios hoy?

Acción práctica:
Haz una lista de tus preocupaciones y ora sobre ellas, entregándoselas a Dios.

Espacio para anotaciones personales:

Septiembre: Día 7 - Salmo 46:10
"Quédense quietos, reconozcan que yo soy Dios."

A veces, en medio del ruido de la vida, necesitamos detenernos y escuchar. En el silencio, podemos reconocer la presencia de Dios, recibir Su paz y escuchar Su voz con mayor claridad.

Oración diaria:
"Señor, enséñame a buscar momentos de silencio en mi vida para escucharte y estar en Tu presencia. Amén."

Pregunta de reflexión:
¿Qué significa para ti "deleitarte en Jehová"?

Acción práctica:
Dedica tiempo hoy a la adoración o la oración, buscando la alegría en Su presencia.

Espacio para anotaciones personales:

Septiembre: Día 8 - Proverbios 18:10
"Torre fuerte es el nombre de Jehová; a él correrá el justo, y
será levantado."

Este versículo resalta la seguridad que encontramos en Dios. En
tiempos de crisis, podemos acudir a Él como nuestro refugio y
fortaleza. Al confiar en Su nombre, encontramos protección y
apoyo.

Oración diaria:
"Señor, gracias por ser mi refugio y fortaleza en tiempos
difíciles. Ayúdame a correr hacia Ti en busca de ayuda. Amén."

Pregunta de reflexión:
¿En qué situaciones has encontrado refugio en Dios?

Acción práctica:
Hoy, identifica un momento en que necesites refugio y ora a
Dios, pidiéndole que te dé paz y dirección.

Espacio para anotaciones personales:

Septiembre: Día 9 - Mateo 6:33
"Mas buscad primeramente el reino de Dios y su justicia, y todas estas cosas os serán añadidas."

Este versículo nos enseña sobre la prioridad que debemos dar a nuestra relación con Dios. Cuando lo ponemos en primer lugar, Él cuida de nuestras necesidades. En un mundo lleno de distracciones, es esencial recordar este principio.

Oración diaria:
"Señor, ayúdame a buscarte a Ti en primer lugar. Confío en que cuidarás de todas mis necesidades. Amén."

Pregunta de reflexión:
¿En qué áreas de tu vida necesitas hacer de Dios tu prioridad?

Acción práctica:
Haz una lista de cosas que necesitas y ora, pidiendo a Dios que provea lo que realmente es necesario.

Espacio para anotaciones personales:

Septiembre: Día 10 - Romanos 15:13
"Y el Dios de esperanza os llene de todo gozo y paz en el creer, para que abundéis en esperanza por el poder del Espíritu Santo."

Este versículo es un mensaje de aliento para quienes atraviesan momentos difíciles, recordándonos que Dios es la fuente de esperanza. En la vida moderna, enfrentamos muchos desafíos: incertidumbre sobre el futuro, ansiedad y problemas que pueden hacer que perdamos de vista el gozo y la paz. Sin embargo, este versículo nos enseña que, cuando confiamos en Dios, Él nos llena de una alegría y paz que no dependen de las circunstancias externas, sino de nuestra fe.

Oración diaria:
"Señor, llena mi corazón de esperanza y paz. Ayúdame a confiar en Ti en cada circunstancia y a experimentar el poder del Espíritu Santo en mi vida. Amén."

Pregunta de reflexión:
¿Qué situaciones en tu vida actual necesitan la esperanza y paz que solo Dios puede proporcionar?

Acción práctica:
Tómate un tiempo hoy para identificar algo por lo que estás agradecido y escribe una oración de agradecimiento a Dios por Su fidelidad en tu vida.

Espacio para anotaciones personales:

Septiembre: Día 11 - 1 Corintios 11:1
"Sed imitadores de mí, así como yo de Cristo."

Cuando vivimos una vida de fe firme, nuestras acciones y palabras inspiran a otros a buscar a Dios. A través de nuestra fe, podemos ser testimonios vivos del poder transformador de Cristo.

Oración diaria:
"Señor, que mi fe inspire a otros a acercarse más a Ti y a seguir Tus caminos. Amén."

Pregunta de reflexión:
¿Cómo has experimentado a Dios como tu refugio en momentos de dificultad?

Acción práctica:
Hoy, haz una lista de las veces que Dios ha sido tu refugio y agradece por cada una de ellas.

Espacio para anotaciones personales:

Septiembre: Día 12 - Efesios 4:32

"Antes sed benignos unos con otros, misericordiosos, perdonándoos unos a otros, como Dios también os perdonó a vosotros en Cristo."

Este versículo nos invita a vivir en armonía y compasión unos con otros. Al perdonar, reflejamos el amor de Dios, quien nos perdonó a nosotros. En un mundo lleno de conflictos, el perdón es un acto poderoso que puede transformar relaciones.

Oración diaria:
"Señor, ayúdame a ser más misericordioso y perdonar a quienes me han ofendido. Quiero reflejar Tu amor en mi vida. Amén."

Pregunta de reflexión:
¿Hay a alguien a quien necesites perdonar o reconciliarte?

Acción práctica:
Hoy, considera dar un paso hacia el perdón, ya sea a través de una conversación o simplemente liberando ese resentimiento en tu corazón.

Espacio para anotaciones personales:

Septiembre: Día 13 - Lamentaciones 3:22
"Por la misericordia de Jehová no hemos sido consumidos, porque nunca decayeron sus misericordias."

Cada día es un recordatorio de la infinita misericordia de Dios. A pesar de nuestras fallas, Su amor y compasión nos renuevan y nos dan la oportunidad de comenzar de nuevo.

Oración diaria:
"Señor, gracias por Tu misericordia que nunca se agota. Renueva mi corazón y dame un nuevo comienzo hoy. Amén."

Pregunta de reflexión:
¿Qué decisiones o caminos estás considerando que requieren confianza en Dios?

Acción práctica:
Hoy, dedica tiempo a orar sobre una decisión importante y busca la dirección de Dios antes de actuar.

Espacio para anotaciones personales:

Septiembre: Día 14 – Salmo 34:17
"Claman los justos, y Jehová oye, y los libra de todas sus angustias."

Dios anhela escuchar nuestras oraciones sinceras. No necesitamos palabras complicadas o elaboradas, solo un corazón abierto y sincero que se acerque a Él con fe y confianza.

Oración diaria:
"Padre, te presento mis oraciones con sinceridad y confianza, sabiendo que me escuchas y me respondes. Amén."

Pregunta de reflexión:
¿Cómo has visto la provisión de Dios en tu vida?

Acción práctica:
Hoy, toma un momento para agradecer a Dios por sus provisiones, grandes y pequeñas, en tu vida.

Espacio para anotaciones personales:

Septiembre: Día 15 - 2 Timoteo 1:7
"Porque no nos ha dado Dios espíritu de cobardía, sino de poder, de amor y de dominio propio."

Este versículo nos recuerda que Dios nos ha equipado con un espíritu de poder, amor y autodisciplina. No estamos destinados a vivir con miedo, sino a actuar con valentía y confianza en Su guía.

Oración diaria:
"Señor, dame la valentía para enfrentar mis miedos. Ayúdame a vivir con poder y amor, reflejando Tu luz. Amén."

Pregunta de reflexión:
¿Qué miedos te están deteniendo y cómo puedes enfrentarlos con el poder de Dios?

Acción práctica:
Escribe un miedo que desees superar y crea un plan para enfrentarlo, buscando apoyo en Dios.

Espacio para anotaciones personales:

Septiembre: Día 16 - Salmos 121:1-2
"Alzaré mis ojos a los montes; ¿de dónde vendrá mi ayuda? Mi ayuda viene de Jehová, que hizo los cielos y la tierra."

Este versículo nos anima a buscar nuestra ayuda en Dios, quien es nuestro creador. A menudo, podemos sentirnos abrumados por los desafíos, pero debemos recordar que nuestra ayuda proviene de aquel que tiene el poder sobre todo.

Oración diaria:
"Señor, elevo mis ojos hacia Ti en busca de ayuda. Gracias por ser mi creador y mi apoyo. Amén."

Pregunta de reflexión:
¿Cuáles son las áreas en las que necesitas la ayuda de Dios en este momento?

Acción práctica:
Hoy, haz una lista de las áreas donde necesitas ayuda y ora sobre cada una de ellas.

Espacio para anotaciones personales:

Septiembre: Día 17 – Santiago 1:5
"Y si alguno de vosotros tiene falta de sabiduría, pídala a Dios, el cual da a todos abundantemente y sin reproche, y le será dada."

Este versículo nos recuerda que podemos pedirle a Dios la sabiduría que necesitamos en cualquier momento. Él está dispuesto a dárnosla, guiándonos a tomar decisiones más acertadas.

Oración diaria:
"Señor, dame la sabiduría que necesito en mi vida. Ayúdame a tomar decisiones que honren Tu nombre. Amén."

Pregunta de reflexión:
¿Qué decisiones o situaciones en tu vida requieren sabiduría divina en este momento?

Acción práctica:
Hoy, identifica una decisión que necesites tomar y ora específicamente por sabiduría en esa área.

Espacio para anotaciones personales:

Septiembre: Día 18 - Proverbios 17:22
"El corazón alegre es buena medicina; mas el espíritu triste seca los huesos."

Este versículo nos enseña sobre el poder de la alegría en nuestras vidas. Una actitud positiva puede tener un impacto significativo en nuestra salud y bienestar. La alegría puede ser un remedio poderoso para las dificultades.

Oración diaria:
"Señor, ayúdame a encontrar alegría en mi vida y a compartirla con los demás. Amén."

Pregunta de reflexión:
¿Qué cosas te traen alegría y cómo puedes incorporarlas más en tu vida diaria?

Acción práctica:
Hoy, haz algo que te haga feliz y que te acerque a la alegría que Dios quiere que experimentes.

Espacio para anotaciones personales:

Septiembre: Día 19 - Filipenses 1:21
"Porque para mí el vivir es Cristo, y el morir es ganancia."

Nuestra vida encuentra su verdadero significado cuando la vivimos en Cristo. Él es nuestra fuente de vida, esperanza y propósito. Vivir en Cristo es vivir en abundancia espiritual y en comunión con Dios.

Oración diaria:
"Señor, que mi vida esté siempre centrada en Ti, viviendo plenamente en Tu amor y gracia. Amén."

Pregunta de reflexión:
¿Hay alguna área de tu vida donde necesites esperar en Dios y renovar tus fuerzas?

Acción práctica:
Hoy, tómate un momento para reflexionar sobre algo que te agota y busca en la oración la fortaleza que Dios promete.

Espacio para anotaciones personales:

Septiembre: Día 20 - Mateo 6:33
"Mas buscad primeramente el reino de Dios y su justicia, y todas estas cosas os serán añadidas."

Este versículo nos recuerda la importancia de priorizar nuestra relación con Dios sobre todas las cosas. Al enfocarnos en Su reino, nuestras necesidades se satisfacen de maneras que a menudo no podemos prever.

Oración diaria:
"Señor, ayúdame a buscarte a Ti primero en todo lo que hago. Confío en que proveerás lo que necesito. Amén."

Pregunta de reflexión:
¿Cómo puedes poner a Dios en primer lugar en tus prioridades diarias?

Acción práctica:
Hoy, dedica tiempo a leer la Biblia o a orar en lugar de hacer otra actividad que normalmente ocuparía ese tiempo.

Espacio para anotaciones personales:

Septiembre: Día 21 - Romanos 12:2
"No os conforméis a este siglo, sino transformaos por medio de la renovación de vuestro entendimiento, para que comprobéis cuál sea la buena voluntad de Dios, agradable y perfecta."

Este versículo nos desafía a no dejar que el mundo nos moldee, sino a permitir que Dios renueve nuestras mentes. Al hacerlo, podemos entender y vivir Su voluntad en nuestras vidas.

Oración diaria:
"Señor, transforma mi mente y mi corazón. Quiero vivir conforme a Tu voluntad y no a las presiones del mundo. Amén."

Pregunta de reflexión:
¿Qué aspectos de tu vida te han llevado a conformarte con las normas del mundo en lugar de seguir la voluntad de Dios?

Acción práctica:
Hoy, elige un área de tu vida donde desees ver una renovación y establece un plan para actuar en consecuencia.

Espacio para anotaciones personales:

Septiembre: Día 22 - Filipenses 4:19
"Y mi Dios proveerá a todos vuestros necesidades, conforme a sus riquezas en gloria en Cristo Jesús."

Este versículo nos asegura que Dios se preocupa por nuestras necesidades y que Él es capaz de proveer para ellas. No importa cuán grandes sean nuestras necesidades, Su provisión es abundante.

Oración diaria:
"Señor, gracias por tu promesa de provisión. Ayúdame a confiar en Ti y a reconocer Tus bendiciones en mi vida. Amén."

Pregunta de reflexión:
¿Cuáles son tus necesidades actuales y cómo puedes confiar en que Dios las proveerá?

Acción práctica:
Hoy, escribe una lista de las necesidades que tienes y ora sobre ellas, pidiendo a Dios que te provea lo que necesitas.

Espacio para anotaciones personales:

Septiembre: Día 23 - Jeremías 29:11
"Porque yo sé los pensamientos que tengo acerca de vosotros, dice Jehová, pensamientos de paz y no de mal, para daros el fin que esperáis."

Incluso en los momentos más oscuros, podemos encontrar esperanza en las promesas de Dios. Él tiene un plan para nosotros, y nos sostiene cuando enfrentamos adversidades.

Oración diaria:
"Señor, en los momentos difíciles, ayúdame a aferrarme a la esperanza que sólo Tú puedes dar. Amén."

Pregunta de reflexión:
¿Qué obras o planes necesitas entregar a Dios en este momento?

Acción práctica:
Hoy, escribe tus planes o proyectos y ora sobre ellos, pidiéndole a Dios que los dirija según Su voluntad.

Espacio para anotaciones personales:

Septiembre: Día 24 - Santiago 1:5
"Si alguno de vosotros tiene falta de sabiduría, pídala a Dios, el cual da a todos abundantemente y sin reproche."

La sabiduría que proviene de Dios nos guía a tomar decisiones justas y correctas. A través de la oración y la lectura de Su Palabra, podemos recibir el discernimiento necesario para caminar en Su voluntad.

Oración diaria:
"Padre, dame la sabiduría que necesito para tomar decisiones que te honren. Amén."

Pregunta de reflexión:
¿Cómo puedes asegurarte de que la Palabra de Dios esté iluminando tu camino en este momento?

Acción práctica:
Hoy, lee un pasaje de la Biblia y reflexiona sobre cómo se aplica a tu vida. Escribe tus pensamientos.

Espacio para anotaciones personales:

Septiembre: Día 25 - Colosenses 3:2
"Poned la mira en las cosas de arriba, no en las de la tierra."

Este versículo nos desafía a enfocarnos en las cosas eternas en lugar de las temporales. Al hacerlo, podemos mantener una perspectiva correcta y vivir con propósito.

Oración diaria:
"Señor, ayúdame a mantener mi enfoque en las cosas eternas y a vivir con un propósito que refleje Tu gloria. Amén."

Pregunta de reflexión:
¿Qué cosas temporales te están distrayendo de buscar lo eterno?

Acción práctica:
Hoy, dedica tiempo a reflexionar sobre las cosas que realmente importan en tu vida y haz un cambio si es necesario.

Espacio para anotaciones personales:

Septiembre: Día 26 - 1 Pedro 5:7
"Echando toda vuestra ansiedad sobre él, porque él tiene cuidado de vosotros."

Este versículo nos recuerda que no tenemos que cargar con nuestras preocupaciones. Dios se preocupa por nosotros y está dispuesto a llevar nuestras cargas.

Oración diaria:
"Señor, hoy echo mis ansiedades sobre Ti. Gracias por cuidar de mí y por llevar mis cargas. Amén."

Pregunta de reflexión:
¿Qué ansiedades necesitas entregar a Dios en este momento?

Acción práctica:
Hoy, haz un esfuerzo consciente por dejar ir una preocupación específica y confiar en la promesa de Dios.

Espacio para anotaciones personales:

Septiembre: Día 27 - Hebreos 12:1

"Despojémonos, pues, de todo peso y del pecado que nos asedia, y corramos con paciencia la carrera que tenemos por delante."

Este versículo nos invita a soltar todo lo que nos frena y a correr la carrera de la vida con perseverancia. Dios nos llama a vivir sin cargas innecesarias y a seguir adelante.

Oración diaria:
"Señor, ayúdame a despojarme de todo lo que me detiene y a correr con paciencia hacia el propósito que has trazado para mí. Amén."

Pregunta de reflexión:
¿Qué "pesos" o pecados necesitas dejar atrás para seguir adelante en tu vida espiritual?

Acción práctica:
Hoy, identifica una carga que llevas y busca formas de deshacerte de ella, ya sea a través de oración, confesión o hablando con alguien de confianza.

Espacio para anotaciones personales:

Septiembre: Día 28 - Salmo 34:18
"El Señor está cerca de los quebrantados de corazón, y salva a los de espíritu abatido."

El amor de Dios es un bálsamo para las heridas del alma. Cuando nos sentimos heridos o quebrantados, Su amor nos restaura y nos sana, dándonos nueva vida y esperanza.

Oración del Día:
Padre, gracias por Tu amor sanador que restaura mi corazón y me da nueva esperanza. Amén.

Pregunta de reflexión:
¿Cuál de estos frutos necesitas cultivar más en tu vida en este momento?

Acción práctica:
Hoy, elige un fruto del Espíritu que quieras desarrollar y busca oportunidades para practicarlo en tus interacciones.

Espacio para anotaciones personales:

Septiembre: Día 29 - Hechos 20:35
"El dar es más bienaventurado que el recibir."

Al dar generosamente, experimentamos una profunda alegría que no se encuentra en recibir. Dios nos llama a ser generosos en nuestro tiempo, recursos y amor, reflejando Su generosidad hacia nosotros.

Oración diaria:
"Padre, enséñame a ser generoso y a encontrar alegría en el acto de dar. Amén."

Pregunta de reflexión:
¿En qué área de tu vida necesitas experimentar más la ayuda de Dios?

Acción práctica:
Hoy, busca un momento para meditar en la presencia de Dios y pide Su ayuda en tus desafíos.

Espacio para anotaciones personales:

Septiembre: Día 30 - Salmos 37:4
"Deléitate a sí mismo en Jehová, y él te concederá las peticiones de tu corazón."

Este versículo nos enseña que cuando encontramos nuestro deleite en Dios, nuestros deseos se alinean con Su voluntad. Él se preocupa por lo que anhelamos y nos concede lo que es bueno para nosotros.

Oración diaria:
"Señor, quiero encontrar mi deleite en Ti. Alinéa mis deseos con los Tuyos y confío en que satisfarás mi corazón. Amén."

Pregunta de reflexión:
¿Qué significa para ti deleitarte en Dios y cómo puedes practicarlo cada día?

Acción práctica:
Hoy, toma tiempo para disfrutar de la creación de Dios, meditar en Su Palabra o participar en actividades que te acerquen a Él.

Espacio para anotaciones personales:

Octubre: Día 1 - 2 Timoteo 1:7
"Porque no nos ha dado Dios espíritu de cobardía, sino de poder, de amor y de dominio propio."

Este versículo nos recuerda que Dios nos ha equipado con valor y fortaleza. En un mundo que puede ser aterrador, podemos afrontar nuestros temores con Su poder.

Oración diaria:
"Señor, dame el valor para enfrentar mis miedos y la sabiduría para actuar con amor. Amén."

Pregunta de reflexión:
¿Cuáles son los miedos que necesitas enfrentar en este momento?

Acción práctica:
Hoy, identifica un miedo que has estado evitando y toma un paso pequeño para enfrentarlo.

Espacio para anotaciones personales:

Octubre: Día 2 -Hebreos 4:12
"Porque la palabra de Dios es viva y eficaz, y más cortante que toda espada de dos filos."

La Palabra de Dios tiene el poder de transformar nuestras vidas. Al meditar en ella, encontramos fuerza, consuelo y dirección. Es nuestra guía en los momentos de duda y desafío.

Oración diaria:
"Señor, haz que Tu Palabra penetre en mi corazón y me transforme cada día. Amén."

Pregunta de reflexión:
¿De qué manera puedes integrar más la Palabra de Dios en tu vida diaria?

Acción práctica:
Dedica tiempo hoy para leer un pasaje de la Biblia y reflexionar sobre cómo aplicarlo a tu vida.

Espacio para anotaciones personales:

Octubre: Día 3 - Romanos 12:12
"Gozaos en la esperanza; sufridos en la tribulación; constantes en la oración."

Este versículo nos anima a mantener la esperanza, incluso en tiempos difíciles. La oración es nuestro recurso en las tribulaciones y nos conecta con la esperanza de Dios.

Oración diaria:
"Señor, ayúdame a ser constante en la oración y a encontrar gozo en la esperanza que me das. Amén."

Pregunta de reflexión:
¿En qué área de tu vida necesitas más esperanza en este momento?

Acción práctica:
Hoy, escribe tres cosas por las que estás agradecido y ofrécelas a Dios en oración.

Espacio para anotaciones personales:

Octubre: Día 4 - Efesios 4:32
"Antes sed bondadosos unos con otros, misericordiosos, perdonándoos unos a otros, así como Dios también os perdonó a vosotros en Cristo."

La bondad y el perdón son fundamentales en nuestras relaciones. Al recordar cómo Dios nos ha perdonado, somos llamados a extender esa misma gracia a los demás.

Oración diaria:
"Señor, ayúdame a ser bondadoso y a perdonar como Tú lo has hecho conmigo. Amén."

Pregunta de reflexión:
¿Hay a alguien a quien necesites perdonar?

Acción práctica:
Hoy, realiza un acto de bondad hacia alguien, ya sea una palabra amable o un gesto solidario.

Espacio para anotaciones personales:

Octubre: Día 5 - Filipenses 4:6-7

"Por nada estéis afanosos, sino sean conocidas vuestras peticiones delante de Dios en toda oración y ruego, con acción de gracias. Y la paz de Dios, que sobrepasa todo entendimiento, guardará vuestros corazones y vuestros pensamientos en Cristo Jesús."

Este pasaje nos invita a dejar de lado la ansiedad y llevar nuestras preocupaciones a Dios. La paz que Él promete no es lógica, pero nos sostiene en los momentos difíciles.

Oración diaria:
"Señor, hoy te entrego mis preocupaciones y confío en Tu paz que sobrepasa todo entendimiento. Amén."

Pregunta de reflexión:
¿Qué preocupaciones necesitas entregar a Dios?

Acción práctica:
Dedica unos minutos hoy para orar y presentar tus preocupaciones a Dios, agradeciendo por Su paz.

Espacio para anotaciones personales:

Octubre: Día 6 - Mateo 6:33
"Mas buscad primeramente el reino de Dios y su justicia, y todas estas cosas os serán añadidas."

Cuando priorizamos lo espiritual sobre lo material, Dios se encarga de nuestras necesidades. Este versículo nos recuerda que nuestra verdadera seguridad se encuentra en nuestra relación con Él.

Oración diaria:
"Señor, ayúdame a buscarte a Ti primero en todas las áreas de mi vida. Amén."

Pregunta de reflexión:
¿Estás priorizando a Dios en tu vida diaria?

Acción práctica:
Hoy, toma tiempo para orar y reflexionar sobre cómo puedes buscar a Dios en tus decisiones y prioridades.

Espacio para anotaciones personales:

Octubre: Día 7 - 2 Corintios 5:17
"De modo que si alguno está en Cristo, nueva criatura es; las cosas viejas pasaron; he aquí todas son hechas nuevas."

La fe en Cristo nos transforma radicalmente. Nos libera de nuestro pasado y nos da una nueva identidad en Él, llenándonos de esperanza y propósito para el futuro.

Oración diaria:
"Padre, gracias por la transformación que has traído a mi vida a través de Cristo. Amén."

Pregunta de reflexión:
¿En qué área de tu vida sientes que necesitas más confianza en la provisión de Dios?

Acción práctica:
Hoy, identifica una necesidad y ora por ella, confiando en que Dios la proveerá a Su manera.

Espacio para anotaciones personales:

Octubre: Día 8 - 1 Pedro 5:7
"Echando toda vuestra ansiedad sobre él, porque él tiene cuidado de vosotros."

Dios se preocupa por nosotros y nos invita a confiarle nuestras ansiedades. No estamos solos en nuestras luchas; Él está siempre dispuesto a llevar nuestras cargas.

Oración diaria:
"Señor, hoy te entrego mis ansiedades. Gracias por cuidar de mí y estar siempre presente. Amén."

Pregunta de reflexión:
¿Qué ansiedad necesitas entregar a Dios hoy?

Acción práctica:
Dedica un tiempo hoy para escribir tus ansiedades y luego quémalas como un símbolo de entrega a Dios.

Espacio para anotaciones personales:

Octubre: Día 9 - Jeremías 29:11

"Porque yo sé los pensamientos que tengo acerca de vosotros, dice Jehová, pensamientos de paz y no de mal, para daros el fin que esperáis."

Aunque a veces no entendemos lo que está sucediendo a nuestro alrededor, podemos confiar en que Dios tiene un plan para nuestras vidas. Su sabiduría es infinita y siempre trabaja para nuestro bien.

Oración diaria:
"Señor, ayúdame a confiar en Tu plan, incluso cuando no lo entienda. Amén."

Pregunta de reflexión:
¿En qué áreas de tu vida necesitas más confianza en Dios?

Acción práctica:
Hoy, toma una decisión importante y antes de actuar, ora pidiendo la guía de Dios.

Espacio para anotaciones personales:

Octubre: Día 10 - Romanos 8:28
"Y sabemos que a los que aman a Dios, todas las cosas les ayudan a bien."

Este versículo nos asegura que, incluso en las dificultades, Dios está trabajando para nuestro bien. No siempre entendemos el porqué, pero podemos confiar en Su plan.

Oración diaria:
"Señor, ayúdame a recordar que todo tiene un propósito en Ti. Confío en que me guiarás hacia el bien. Amén."

Pregunta de reflexión:
¿Qué experiencia difícil puedes ver como parte del plan de Dios para tu vida?

Acción práctica:
Hoy, reflexiona sobre un desafío pasado y escribe cómo Dios lo utilizó para tu crecimiento personal.

Espacio para anotaciones personales:

Octubre: Día 11 - Marcos 16:15
"Y les dijo: Id por todo el mundo y predicad el evangelio a toda criatura."

Dios nos llama a ser testigos de Su amor y salvación. Compartir nuestra fe requiere valentía, pero también es una de las maneras más poderosas de impactar vidas.

Oración diaria:
"Señor, dame el coraje para compartir mi fe y ser un testigo de Tu amor. Amén."

Pregunta de reflexión:
¿En qué situaciones de tu vida has sentido la ayuda de Dios?

Acción práctica:
Hoy, dedica un tiempo para meditar en la presencia de Dios y busca consuelo en Su palabra.

Espacio para anotaciones personales:

Octubre: Día 12 - Gálatas 6:9

"No nos cansemos, pues, de hacer bien; porque a su tiempo cosecharemos, si no desmayamos."

Este versículo nos anima a perseverar en hacer el bien, incluso cuando los resultados no son inmediatos. En la vida moderna, puede ser fácil desanimarse, pero la recompensa llega a quienes perseveran.

Oración diaria:
"Señor, dame la fuerza para continuar haciendo el bien y no desmayar en mis esfuerzos. Amén."

Pregunta de reflexión:
¿Cuáles son las buenas acciones que te han costado más esfuerzo mantener?

Acción práctica:
Hoy, realiza un acto de bondad y anota cómo te hizo sentir.

Espacio para anotaciones personales:

Octubre: Día 13 – Lucas 6:37
"Perdonad, y seréis perdonados."

El perdón es fundamental en nuestra vida cristiana. Nos libera de la amargura y nos permite experimentar la paz que solo Dios puede dar. Al perdonar a otros, también somos perdonados.

Oración diaria:
"Señor, dame la fortaleza para perdonar como Tú me has perdonado. Amén."

Pregunta de reflexión:
¿Qué deseos de tu corazón has presentado a Dios últimamente?

Acción práctica:
Dedica tiempo hoy para alabar a Dios y compartirle tus deseos.

Espacio para anotaciones personales:

Octubre: Día 14 - Juan 15:5
"Yo soy la vid, vosotros los pámpanos; el que permanece en mí,
y yo en él, ése lleva mucho fruto; porque separados de mí nada
podéis hacer."

Este versículo enfatiza la importancia de permanecer en
conexión con Cristo. Nuestra vida espiritual y la producción de
frutos buenos dependen de esta relación.

Oración diaria:
"Señor, ayúdame a permanecer en Ti y a vivir en Tu amor.
Quiero llevar fruto que honre Tu nombre. Amén."

Pregunta de reflexión:
¿Cómo puedes fortalecer tu relación con Cristo en el día a día?

Acción práctica:
Hoy, dedica un tiempo a la oración y a la lectura de la Biblia,
buscando profundizar tu conexión con Dios.

Espacio para anotaciones personales:

Octubre: Día 15 - 1 Corintios 16:14
"Todas vuestras cosas sean hechas con amor."

Este versículo nos recuerda que el amor debe ser la motivación detrás de nuestras acciones. En un mundo donde a menudo predominan la apatía y el egoísmo, el amor es la clave para construir relaciones sanas.

Oración diaria:
"Señor, enséñame a amar a los demás en todas mis acciones. Quiero ser un reflejo de Tu amor. Amén."

Pregunta de reflexión:
¿Hay alguien a quien puedas mostrar amor de una manera especial hoy?

Acción práctica:
Hoy, realiza un acto de amor hacia alguien sin esperar nada a cambio.

Espacio para anotaciones personales:

Octubre: Día 16 - Mateo 5:16
"Así alumbre vuestra luz delante de los hombres, para que vean vuestras buenas obras y glorifiquen a vuestro Padre que está en los cielos."

Este versículo nos anima a ser ejemplos positivos en nuestra comunidad. Nuestras acciones pueden ser una luz que guíe a otros hacia Dios.

Oración diaria:
"Señor, que mis acciones reflejen Tu luz y glorifiquen Tu nombre en el mundo. Amén."

Pregunta de reflexión:
¿Cómo puedes ser un mejor ejemplo de la luz de Cristo en tu entorno?

Acción práctica:
Hoy, haz algo que beneficie a tu comunidad y compártelo con otros para inspirarles.

Espacio para anotaciones personales:

Octubre: Día 17 - Salmos 119:11
"En mi corazón he guardado tus dichos, para no pecar contra ti."

Este versículo destaca la importancia de internalizar la Palabra de Dios. Conocer y guardar Su palabra nos ayuda a tomar decisiones que honren a Dios.

Oración diaria:
"Señor, ayúdame a almacenar Tu palabra en mi corazón y a vivir de acuerdo a Tus enseñanzas. Amén."

Pregunta de reflexión:
¿Qué versículo puedes memorizar esta semana para fortalecer tu vida espiritual?

Acción práctica:
Elige un versículo y repítelo a lo largo del día, meditando en su significado.

Espacio para anotaciones personales:

Octubre: Día 18 - 2 Corintios 5:17
"De modo que si alguno está en Cristo, nueva criatura es; las cosas viejas pasaron; he aquí todas son hechas nuevas."

Este versículo nos recuerda que, al aceptar a Cristo, tenemos la oportunidad de empezar de nuevo. Nuestras viejas identidades y pecados no nos definen.

Oración diaria:
"Señor, gracias por darme una nueva vida en Ti. Ayúdame a vivir como la nueva criatura que soy. Amén."

Pregunta de reflexión:
¿Hay algo del pasado que necesitas dejar ir para avanzar en tu nueva vida en Cristo?

Acción práctica:
Hoy, reflexiona sobre tu identidad en Cristo y escribe una afirmación positiva sobre quién eres en Él.

Espacio para anotaciones personales:

Octubre: Día 19 - Proverbios 18:21
"La muerte y la vida están en poder de la lengua; y el que la ama comerá de sus frutos."

Este versículo destaca la importancia de nuestras palabras. Nuestras palabras pueden construir o destruir, y debemos ser conscientes del impacto que tienen en los demás.

Oración diaria:
"Señor, ayúdame a usar mis palabras para edificar y dar vida a quienes me rodean. Amén."

Pregunta de reflexión:
¿Has dicho algo que pueda haber herido a alguien? ¿Cómo puedes enmendarlo?

Acción práctica:
Hoy, elige usar palabras positivas y alentadoras al comunicarte con los demás.

Espacio para anotaciones personales:

Octubre: Día 20 - Hebreos 13:5
"No os desamparaceré, ni os dejaré."

Este versículo nos recuerda que la presencia de Dios está siempre con nosotros, incluso en los momentos más oscuros. No importa lo que enfrentemos, no estamos solos.

Oración diaria:
"Señor, gracias por Tu promesa de nunca dejarme. Confío en Tu presencia en cada situación. Amén."

Pregunta de reflexión:
¿Qué desafíos te han hecho sentir solo? ¿Cómo puedes recordar la presencia de Dios en esos momentos?

Acción práctica:
Hoy, escribe una lista de momentos en los que sentiste la presencia de Dios a lo largo de tu vida.

Espacio para anotaciones personales:

Octubre: Día 21 - Salmos 121:1-2
"Alzaré mis ojos a los montes; ¿de dónde vendrá mi socorro? Mi socorro viene de Jehová, que hizo los cielos y la tierra."

Este salmo expresa la búsqueda de ayuda y apoyo en Dios. Nos recuerda que, en momentos de incertidumbre, podemos mirar hacia Él, quien es el creador de todo. Nuestra confianza debe estar en Su poder y cuidado.

Oración diaria:
"Señor, alzo mis ojos hacia Ti en busca de ayuda y dirección. Confío en Tu poder para guiarme y sostenerme. Amén."

Pregunta de reflexión:
¿Hay alguna situación en tu vida donde sientas que necesitas el socorro de Dios?

Acción práctica:
Hoy, comparte con alguien tus preocupaciones y ora juntos, confiando en que Dios es tu socorro.

Espacio para anotaciones personales:

Octubre: Día 22 - Colosenses 3:23
"Todo lo que hagáis, hacedlo de corazón, como para el Señor y no para los hombres."

Dios nos ha creado con un propósito único. Al vivir cada día con la intención de glorificarlo en todo lo que hacemos, descubrimos la verdadera razón de nuestra existencia.

Oración diaria:
"Señor, ayúdame a vivir cada día con propósito y a honrarte en mis acciones. Amén."

Pregunta de reflexión:
¿Qué cosas te están causando ansiedad y cómo puedes entregarlas a Dios?

Acción práctica:
Haz una lista de tus preocupaciones y ora por cada una, agradeciendo a Dios por Su paz.

Espacio para anotaciones personales:

Octubre: Día 23 - Romanos 12:2
"No os conforméis a este siglo, sino transformaos por medio de la renovación de vuestro entendimiento, para que comprobéis cuál sea la buena voluntad de Dios, agradable y perfecta."

Este versículo nos anima a no dejar que el mundo nos moldeé, sino a buscar la transformación a través de la renovación de nuestra mente. Al hacerlo, podemos discernir la voluntad de Dios en nuestras vidas.

Oración diaria:
"Señor, renueva mi mente y ayúdame a vivir de acuerdo a Tu voluntad. Quiero ser un instrumento de Tu paz. Amén."

Pregunta de reflexión:
¿En qué áreas de tu vida has estado conformándote al mundo en lugar de buscar la transformación en Cristo?

Acción práctica:
Hoy, dedica tiempo a leer un pasaje de la Biblia que desafíe tus pensamientos y creencias.

Espacio para anotaciones personales:

Octubre: Día 24 - Proverbios 3:5-6
"Confía en Jehová de todo tu corazón, y no te apoyes en tu propia prudencia. Reconócelo en todos tus caminos, y él enderezará tus sendas."

Este pasaje nos recuerda la importancia de confiar plenamente en Dios y no depender de nuestro propio entendimiento. Cuando le reconocemos en todo lo que hacemos, Él guiará nuestro camino.

Oración diaria:
"Señor, ayúdame a confiar en Ti en cada decisión que tome. Guíame y dirígeme por el camino correcto. Amén."

Pregunta de reflexión:
¿Hay áreas de tu vida donde te resulta difícil confiar plenamente en Dios?

Acción práctica:
Hoy, reflexiona sobre una decisión importante que debas tomar y pídele a Dios claridad y dirección.

Espacio para anotaciones personales:

Octubre: Día 25 - Salmos 23:1-2
"Jehová es mi pastor; nada me faltará. En lugares de delicados pastos me hará descansar; junto a aguas de reposo me conducirá."

Este salmo es un hermoso recordatorio de que Dios cuida de nosotros como un pastor cuida de sus ovejas. Nos guía hacia la paz y el descanso, asegurándonos que en Él siempre encontramos lo que necesitamos.

Oración diaria:
"Señor, gracias por ser mi pastor. Ayúdame a descansar en Tu provisión y cuidado. Amén."

Pregunta de reflexión:
¿En qué áreas de tu vida sientes que necesitas el cuidado y la dirección de Dios?

Acción práctica:
Hoy, busca un lugar tranquilo para meditar y orar, reconociendo el cuidado de Dios en tu vida.

Espacio para anotaciones personales:

Octubre: Día 26 - Colosenses 3:23-24
"Y todo lo que hagáis, hacedlo de corazón, como para el Señor y no para los hombres; sabiendo que del Señor recibiréis la recompensa de la herencia, porque a Cristo el Señor servís."

Este pasaje nos recuerda que nuestras acciones deben ser realizadas con dedicación y esfuerzo, como si estuviéramos trabajando para Dios y no solo para las personas. Esto nos ayuda a mantener una perspectiva eterna en nuestras tareas diarias.

Oración diaria:
"Señor, ayúdame a hacer cada tarea con dedicación y amor, recordando que te sirvo a Ti. Amén."

Pregunta de reflexión:
¿Hay tareas diarias que has estado realizando sin motivación? ¿Cómo puedes cambiarlas en un servicio a Dios?

Acción práctica:
Hoy, elige una tarea y hazla con el corazón, dedicándola a Dios en tu mente.

Espacio para anotaciones personales:

Octubre: Día 27 - 1 Pedro 5:7
"Echando toda vuestra ansiedad sobre él, porque él tiene cuidado de vosotros."

Este versículo nos anima a entregarle a Dios nuestras ansiedades y preocupaciones. Al hacerlo, podemos experimentar la libertad que viene de saber que somos amados y cuidados por Él.

Oración diaria:
"Señor, hoy entrego mis ansiedades a Ti, confiando en Tu cuidado. Gracias por estar siempre presente. Amén."

Pregunta de reflexión:
¿Qué ansiedades necesitas entregar a Dios hoy?

Acción práctica:
Escribe tus preocupaciones en un papel y, al final del día, quémalo o destrúyelo como símbolo de entrega a Dios.

Espacio para anotaciones personales:

Octubre: Día 28 - Efesios 4:32
"Antes sed benignos unos con otros, misericordiosos, perdonándoos unos a otros, como Dios también os perdonó en Cristo."

Este versículo nos llama a practicar la bondad y el perdón entre nosotros. Recordar el perdón que hemos recibido de Dios nos ayuda a extender esa misma gracia a los demás.

Oración diaria:
"Señor, dame un corazón perdonador y compasivo. Quiero reflejar Tu amor a quienes me rodean. Amén."

Pregunta de reflexión:
¿Hay a alguien a quien necesites perdonar? ¿Cómo puedes empezar ese proceso hoy?

Acción práctica:
Hoy, elige una persona a la que puedas perdonar y escribe una nota de reconciliación, aunque no se la envíes.

Espacio para anotaciones personales:

Octubre: Día 29 - Salmos 94:19
"En la multitud de mis pensamientos dentro de mí, tus consolaciones alegraban mi alma."

Este salmo muestra cómo las consolaciones de Dios pueden alegrar nuestra alma, incluso en medio de la confusión y el caos. Su palabra y Su presencia son nuestras fuentes de paz y alegría.

Oración diaria:
"Señor, en mis momentos de confusión, lléname con Tus consolaciones y paz. Amén."

Pregunta de reflexión:
¿Qué pensamientos te han estado abrumando y cómo puedes buscar la consolación de Dios en ellos?

Acción práctica:
Dedica tiempo a la oración, pidiendo consuelo por las cosas que te preocupan, y escucha las palabras de Dios.

Espacio para anotaciones personales:

Octubre: Día 30 - Isaías 41:10

"No temas, porque yo estoy contigo; no desmayes, porque yo soy tu Dios; te esfuerzo; siempre te ayudaré; siempre te sustentaré con la diestra de mi justicia."

Este versículo es un poderoso recordatorio de la presencia constante de Dios en nuestras vidas. Nos invita a no temer, ya que Él nos fortalece y nos sostiene en todo momento, brindándonos la confianza que necesitamos para enfrentar cualquier desafío.

Oración diaria:
"Señor, gracias por estar siempre a mi lado. Hoy elijo confiar en Tu fuerza y apoyo. Amén."

Pregunta de reflexión:
¿Hay algún temor que estés enfrentando en este momento? ¿Cómo puedes recordar que Dios está contigo en medio de ello?

Acción práctica:
Hoy, escribe una lista de tus temores y junto a cada uno, anota una promesa de Dios que te dé paz.

Espacio para anotaciones personales:

Octubre: Día 31 - Mateo 11:28-30
"Venid a mí todos los que estáis trabajados y cargados, y yo os haré descansar. Llevad mi yugo sobre vosotros y aprended de mí, que soy manso y humilde de corazón; y hallaréis descanso para vuestras almas. Porque mi yugo es fácil, y ligera mi carga."

En este pasaje, Jesús nos invita a acercarnos a Él cuando nos sentimos agobiados. Su promesa de descanso es un alivio para nuestras almas cansadas, y su enseñanza nos guía hacia una vida más ligera y plena.

Oración diaria:
"Señor Jesús, hoy vengo a Ti con mis cargas. Gracias por ofrecerme descanso y guía en medio del caos. Amén."

Pregunta de reflexión:
¿Qué cargas estás llevando que necesitas entregar a Jesús para encontrar descanso?

Acción práctica:
Busca un momento hoy para reflexionar y orar sobre las cosas que te están pesando. Escríbelas en un papel y luego quémalo o déjalo ir como símbolo de entrega.

Espacio para anotaciones personales:

Noviembre: Día 1 - Salmos 100:4-5

"Entrad por sus puertas con acción de gracias, y por sus atrios con alabanza; alabadle, bendecid su nombre. Porque Jehová es bueno; para siempre es su misericordia, y su fidelidad de generación en generación."

Este salmo nos recuerda la importancia de la gratitud en nuestra vida diaria. Entrar en la presencia de Dios con acción de gracias nos ayuda a reconocer Su bondad y misericordia, lo que transforma nuestra perspectiva y nos llena de alabanza.

Oración diaria:
"Señor, hoy quiero agradecerte por todas las bendiciones en mi vida. Ayúdame a reconocer Tu bondad cada día. Amén."

Pregunta de reflexión:
¿Qué cosas en tu vida estás agradecido hoy? ¿Cómo puedes expresarlo?

Acción práctica:
Escribe tres cosas por las que estás agradecido y compártelas con alguien.

Espacio para anotaciones personales:

Noviembre: Día 2 - Juan 8:12
"Yo soy la luz del mundo; el que me sigue no andará en tinieblas, sino que tendrá la luz de la vida."

Cuando seguimos a Cristo, Su luz brilla a través de nosotros, iluminando nuestro camino y el de quienes nos rodean. Se nos llama a ser portadores de Su luz en un mundo oscuro.

Oración diaria:
"Señor, ayúdame a ser un reflejo de Tu luz en la vida de los demás. Amén."

Pregunta de reflexión:
¿Cuáles son las preocupaciones que necesitas entregar a Dios hoy?

Acción práctica:
Dedica cinco minutos a escribir una lista de tus preocupaciones y luego ora sobre ellas.

Espacio para anotaciones personales:

Noviembre: Día 3 - Proverbios 3:5
"Confía en Jehová de todo tu corazón, y no te apoyes en tu propia prudencia."

Confiar en Dios significa dejar de lado nuestras preocupaciones y temores. La confianza nos permite descansar en Su poder y sabiduría, sabiendo que Él tiene el control de nuestra vida.

Oración diaria:
"Señor, fortalece mi confianza en Ti. Ayúdame a dejar mis ansiedades a Tus pies y a confiar en Tus promesas. Amén."

Pregunta de reflexión:
¿Qué decisiones importantes enfrentas en este momento? ¿Cómo puedes involucrar a Dios en ellas?

Acción práctica:
Toma un tiempo para orar sobre una decisión que estés enfrentando y escribe las posibles respuestas que sientas que Dios te da.

Espacio para anotaciones personales:

Noviembre: Día 4 - Jeremías 29:11

"Porque yo sé los pensamientos que tengo acerca de vosotros, dice Jehová, pensamientos de paz, y no de mal, para daros el fin que esperáis."

La esperanza es un ancla en medio de la tormenta. En tiempos difíciles, es vital recordar que Dios tiene un plan para nuestras vidas. Su promesa de un futuro lleno de paz nos sostiene en momentos de incertidumbre.

Oración diaria:
"Señor, infunde en mí la esperanza que solo Tú puedes dar. Que mi fe se mantenga firme a pesar de las circunstancias. Amén."

Pregunta de reflexión:
¿Cuál de estos frutos necesitas desarrollar más en tu vida actualmente?

Acción práctica:
Hoy, elige uno de los frutos del Espíritu y busca una oportunidad para practicarlo en una interacción con alguien.

Espacio para anotaciones personales:

Noviembre: Día 5 - 1 Pedro 5:7
"Echando toda vuestra ansiedad sobre él, porque él tiene cuidado de vosotros."

Este versículo nos recuerda que no estamos solos en nuestras luchas. Dios se preocupa por nosotros y quiere que le entreguemos nuestras ansiedades para que podamos vivir en paz.

Oración diaria:
"Señor, hoy te entrego mis ansiedades. Gracias por Tu cuidado constante. Amén."

Pregunta de reflexión:
¿Qué ansiedades has estado cargando que puedes entregar a Dios hoy?

Acción práctica:
Escribe una carta a Dios expresando tus ansiedades y luego quémala o destrúyela como símbolo de entrega.

Espacio para anotaciones personales:

Noviembre: Día 6 - Salmos 37:4
"Deléitate asimismo en Jehová, y él te concederá las peticiones de tu corazón."

Este salmo nos invita a encontrar gozo en nuestra relación con Dios. Cuando nuestras pasiones y deseos están alineados con Su voluntad, podemos confiar en que Él satisfará nuestras verdaderas necesidades.

Oración diaria:
"Señor, ayúdame a deleitarme en Ti y a confiar en que satisfarás mis deseos. Amén."

Pregunta de reflexión:
¿De qué manera puedes profundizar tu deleite en Dios hoy?

Acción práctica:
Dedica tiempo hoy para hacer algo que disfrutes y que también honre a Dios, como leer la Biblia, cantar o ayudar a alguien.

Espacio para anotaciones personales:

Noviembre: Día 7 - Romanos 12:2
"No os conforméis a este siglo, sino transformaos por medio de la renovación de vuestro entendimiento, para que comprobéis cuál sea la buena voluntad de Dios, agradable y perfecta."

Pablo nos llama a no dejarnos llevar por los valores de este mundo, sino a renovar nuestra mente. Esta renovación nos permite discernir lo que es bueno y aceptable para Dios.

Oración diaria:
"Señor, transforma mi mente y mi corazón para que pueda conocer Tu voluntad. Amén."

Pregunta de reflexión:
¿Qué áreas de tu vida necesitan una renovación de acuerdo a la voluntad de Dios?

Acción práctica:
Identifica un aspecto de tu vida donde puedas aplicar principios bíblicos y haz un plan para implementar cambios.

Espacio para anotaciones personales:

Noviembre: Día 8 - Efesios 4:32
"Antes sed benignos unos con otros, misericordiosos, perdonándoos unos a otros, como Dios también os perdonó a vosotros en Cristo."

El apóstol Pablo nos exhorta a practicar la bondad y el perdón. Al recordar el perdón que hemos recibido de Dios, somos llamados a extender esa gracia a los demás.

Oración diaria:
"Señor, ayúdame a ser más benigno y a perdonar a quienes me han herido. Amén."

Pregunta de reflexión:
¿Hay alguien a quien necesites perdonar en tu vida?

Acción práctica:
Hoy, da un paso hacia el perdón. Ya sea escribiendo una carta o simplemente orando por la persona que te ha herido.

Espacio para anotaciones personales:

Noviembre: Día 9 - 1 Corintios 16:14
"Todas vuestras cosas sean hechas con amor."

Este breve pero poderoso versículo nos recuerda que el amor debe ser la motivación detrás de todas nuestras acciones. Amar a los demás refleja el amor de Dios en nuestras vidas.

Oración diaria:
"Señor, ayúdame a actuar con amor en todas mis interacciones. Amén."

Pregunta de reflexión:
¿Cómo puedes mostrar amor de manera práctica a las personas que te rodean hoy?

Acción práctica:
Realiza un acto de bondad al azar hoy, ya sea un elogio, una ayuda o una sonrisa genuina.

Espacio para anotaciones personales:

Noviembre: Día 10 - Proverbios 18:10
"Torre fuerte es el nombre de Jehová; a él correrá el justo y será levantado."

Este proverbio nos recuerda que Dios es nuestro refugio en tiempos de dificultad. Cuando enfrentamos problemas, podemos acudir a Él para encontrar seguridad y fortaleza.

Oración diaria:
"Señor, hoy corro a Ti en busca de refugio y fortaleza. Amén."

Pregunta de reflexión:
¿Qué desafíos estás enfrentando que necesitas entregar a Dios?

Acción práctica:
Escribe una oración pidiendo ayuda a Dios en una situación difícil y manténla cerca como un recordatorio de Su poder.

Espacio para anotaciones personales:

Noviembre: Día 11 - Romanos 8:28
"Y sabemos que a los que aman a Dios, todas las cosas les ayudan a bien; esto es, a los que conforme a su propósito son llamados."

Este versículo nos asegura que incluso las dificultades pueden tener un propósito. Al amar a Dios, podemos confiar en que Él está obrando para nuestro bien, incluso en las circunstancias más difíciles.

Oración diaria:
"Señor, ayúdame a ver Tu mano en todas las circunstancias de mi vida. Amén."

Pregunta de reflexión:
¿Puedes recordar un momento difícil que Dios utilizó para tu beneficio?

Acción práctica:
Hoy, reflexiona sobre una experiencia pasada que te enseñó algo valioso y escríbelo.

Espacio para anotaciones personales:

Noviembre: Día 12 – Mateo 21:22
"Y todo lo que pidiereis en oración, creyendo, lo recibiréis."

La oración es nuestra conexión directa con Dios. A través de ella, expresamos nuestras necesidades, agradecimientos y anhelos. Al orar, nos alineamos con Su voluntad y encontramos paz en Su presencia.

Oración diaria:
"Señor, enséñame a orar con sinceridad y fervor. Que mi vida de oración sea un reflejo de mi relación contigo. Amén."

Pregunta de reflexión:
¿Hay un momento reciente en el que has sentido la ayuda de Dios?

Acción práctica:
Hoy, busca un tiempo de quietud para meditar en la presencia de Dios y agradecerle por su ayuda en tu vida.

Espacio para anotaciones personales:

Noviembre: Día 13 - Efesios 6:10
"Por lo demás, hermanos míos, fortaleceos en el Señor y en el poder de su fuerza."

Este versículo nos anima a encontrar nuestra fuerza en Dios. En un mundo que a menudo nos debilita, podemos acudir a Él para recibir la fortaleza necesaria para enfrentar cualquier situación.

Oración diaria:
"Señor, hoy busco Tu fortaleza. Ayúdame a enfrentar los retos con Tu poder. Amén."

Pregunta de reflexión:
¿Dónde necesitas la fortaleza de Dios en este momento de tu vida?

Acción práctica:
Tómate unos minutos para orar específicamente por un área de tu vida donde necesites fortaleza.

Espacio para anotaciones personales:

Noviembre: Día 14 - Salmos 34:18
"Cercano está Jehová a los quebrantados de corazón; y salva a los contritos de espíritu."

Este versículo es un consuelo para quienes se sienten heridos o desanimados. Nos asegura que Dios está cerca de aquellos que sufren y está listo para brindar consuelo y salvación.

Oración diaria:
"Señor, gracias por estar cerca de mí en mis momentos de dolor. Confío en Tu consuelo. Amén."

Pregunta de reflexión:
¿Hay un momento en tu vida reciente donde te has sentido quebrantado? ¿Cómo puedes abrir tu corazón a Dios en ese momento?

Acción práctica:
Hoy, busca a alguien que esté pasando por un momento difícil y ofrécele tu apoyo o un oído atento.

Espacio para anotaciones personales:

Noviembre: Dia 15 - Apocalipsis 12:11
"Y ellos le han vencido por medio de la sangre del Cordero y de la palabra de su testimonio."

Compartir nuestro testimonio es una poderosa herramienta para glorificar a Dios. Al narrar cómo Él ha obrado en nuestras vidas, inspiramos a otros a buscar Su amor y salvación. Cada historia cuenta y puede marcar la diferencia.

Oración diaria:
"Señor, dame el valor para compartir mi testimonio y que mi vida sea un reflejo de Tu poder. Amén."

Pregunta de reflexión:
¿De qué manera puedo cultivar una actitud más positiva en los momentos difíciles?

Acción práctica:
Hoy, busca oportunidades para reír y compartir momentos de alegría con otros. Haz una lista de las cosas por las que estás agradecido y da gracias a Dios por cada una.

Espacio para anotaciones personales:

Noviembre: Día 16 - 1 Juan 4:11

"Amados, si Dios así nos ha amado, debemos también nosotros amarnos unos a otros."

El amor de Dios es capaz de romper barreras culturales, sociales y personales. Al amar a los demás como Él nos ama, reflejamos Su luz y mostramos el camino hacia la reconciliación y la unidad.

Oración diaria:
"Señor, permite que Tu amor fluya a través de mí. Que pueda ser un instrumento de paz y unidad en este mundo dividido. Amén."

Pregunta de reflexión:
¿Cuáles son las preocupaciones que necesitas entregar a Dios hoy?

Acción práctica:
Dedica un tiempo específico hoy para orar sobre tus preocupaciones, escribiendo cada una y pidiendo a Dios que las tome en Sus manos.

Espacio para anotaciones personales:

Noviembre: Día 17 - Mateo 5:14-16

"Vosotros sois la luz del mundo; una ciudad asentada sobre un monte no se puede esconder. Ni se enciende una lámpara y se pone debajo del almud, sino sobre el candelero, y alumbra a todos los que están en casa. Así alumbre vuestra luz delante de los hombres, para que vean vuestras buenas obras y glorifiquen a vuestro Padre que está en los cielos."

Jesús nos llama a ser luz en el mundo. Nuestras acciones y comportamientos pueden influir positivamente en quienes nos rodean. Al brillar, glorificamos a Dios y mostramos su amor a los demás.

Oración diaria:
"Señor, ayúdame a ser luz en mi comunidad y a reflejar Tu amor en todo lo que hago. Amén."

Pregunta de reflexión:
¿Hay alguna forma específica en la que puedas brillar como luz en tu entorno?

Acción práctica:
Realiza una acción positiva por alguien más hoy, ya sea ayudando, escuchando o simplemente sonriendo.

Espacio para anotaciones personales:

Noviembre: Día 18 - Salmo 19:1
"Los cielos cuentan la gloria de Dios, y el firmamento muestra la obra de sus manos."

Al observar la belleza de la naturaleza, recordamos la majestad de nuestro Creador. Cada flor, cada montaña y cada estrella son testimonios de Su amor y poder.

Oración diaria:
"Señor, gracias por la belleza de Tu creación. Ayúdame a ser un buen mayordomo de este regalo y a apreciar Tu obra en mi vida. Amén."

Pregunta de reflexión:
¿Hay alguna decisión importante que necesites llevar a Dios en oración?

Acción práctica:
Hoy, reflexiona sobre una decisión que debes tomar y escribe una oración entregándola a Dios.

Espacio para anotaciones personales:

Noviembre: Día 19 - Gálatas 5:22-23

"Mas el fruto del Espíritu es amor, gozo, paz, paciencia, benignidad, bondad, fe, mansedumbre, templanza; contra tales cosas no hay ley."

Pablo nos describe las cualidades que deben caracterizar a los seguidores de Cristo. Estas virtudes son el resultado del trabajo del Espíritu Santo en nuestras vidas, y cada una nos ayuda a vivir en armonía con los demás.

Oración diaria:
"Señor, quiero que el fruto de Tu Espíritu se manifieste en mi vida. Ayúdame a cultivar estas cualidades. Amén."

Pregunta de reflexión:
¿Cuál de estos frutos necesitas desarrollar más en tu vida?

Acción práctica:
Elige uno de los frutos del Espíritu y busca activamente maneras de practicarlo hoy.

Espacio para anotaciones personales:

Noviembre: Día 20 - Juan 4:23
"Mas la hora viene, y ahora es, cuando los verdaderos adoradores adorarán al Padre en espíritu y en verdad."

La adoración es un acto de amor y devoción que nos conecta con Dios. Al adorarlo, reconocemos Su grandeza y permitimos que Su presencia transforme nuestras vidas.

Oración diaria:
"Señor, quiero adorarte en espíritu y en verdad. Que cada momento de adoración me acerque más a Ti. Amén."

Pregunta de reflexión:
¿Cuándo fue la última vez que la Palabra de Dios te guió en una decisión?

Acción práctica:
Hoy, elige un versículo que resuene contigo y medítalo a lo largo del día.

Espacio para anotaciones personales:

Noviembre: Día 21 - 1 Pedro 5:7
"Echando toda vuestra ansiedad sobre él, porque él tiene cuidado de vosotros."

Este versículo nos recuerda que no estamos solos en nuestras preocupaciones. Dios se preocupa por nosotros y nos invita a entregarle nuestras ansiedades, confiando en Su cuidado.

Oración diaria:
"Señor, aquí estoy entregando mis ansiedades. Confío en que cuidarás de mí. Amén."

Pregunta de reflexión:
¿Qué ansiedades puedes entregar a Dios hoy?

Acción práctica:
Haz una lista de tus preocupaciones y luego ora sobre cada una, entregándoselas a Dios.

Espacio para anotaciones personales:

Noviembre: Día 22 – Salmos 100:4
"Entrad por sus puertas con acción de gracias, por sus atrios con alabanza; alabadle, bendecid su nombre."

Este salmo nos invita a acercarnos a Dios con un corazón agradecido. La gratitud transforma nuestra perspectiva y nos ayuda a reconocer las bendiciones en nuestras vidas.

Oración diaria:
"Señor, gracias por todas Tus bendiciones. Quiero acercarme a Ti con un corazón agradecido. Amén."

Pregunta de reflexión:
¿Qué bendiciones puedes agradecer hoy?

Acción práctica:
Escribe tres cosas por las que estás agradecido y compártelas con alguien.

Espacio para anotaciones personales:

Noviembre: Día 23 - Mateo 7:7
"Pedid, y se os dará; buscad, y hallaréis; llamad, y se os abrirá."

Jesús nos anima a buscar a Dios con confianza. No hay límites para lo que podemos pedir y buscar en nuestra relación con Él. Este versículo nos recuerda que Dios está listo para responder nuestras peticiones.

Oración diaria:
"Señor, hoy vengo a Ti pidiendo guía y respuestas. Gracias por estar siempre dispuesto a escuchar. Amén."

Pregunta de reflexión:
¿Qué es lo que más deseas pedirle a Dios en este momento?

Acción práctica:
Escribe tus peticiones a Dios y haz un plan para orar regularmente por ellas.

Espacio para anotaciones personales:

Noviembre: Día 24 - Proverbios 15:1
"La blanda respuesta quita la ira; mas la palabra áspera hace subir el furor."

Este proverbio destaca la importancia de nuestras palabras. Una respuesta suave puede calmar la tensión y resolver conflictos, mientras que las palabras duras pueden intensificar las disputas.

Oración diaria:
"Señor, dame la sabiduría para responder con suavidad en situaciones difíciles. Amén."

Pregunta de reflexión:
¿Has tenido alguna situación reciente donde tus palabras podrían haber sido diferentes?

Acción práctica:
Hoy, practica responder de manera amable en una situación que normalmente podría volverse tensa.

Espacio para anotaciones personales:

Noviembre: Día 25 - Salmos 139:14
"Te alabaré; porque formidables, maravillosas son tus obras; estoy maravillado, y mi alma lo sabe muy bien."

Este salmo nos recuerda que somos creación de Dios, y cada uno de nosotros es una obra maestra. Al reconocer la maravilla de nuestras vidas y de quienes nos rodean, aprendemos a valorar la vida de manera profunda y a agradecer por lo que somos.

Oración diaria:
"Señor, gracias por crearme a Tu imagen. Ayúdame a ver la maravilla en mí mismo y en los demás. Amén."

Pregunta de reflexión:
¿Qué aspectos de tu vida consideras una maravilla que agradecer a Dios?

Acción práctica:
Escribe una lista de características o talentos que agradeces en ti mismo y reflexiona sobre cómo puedes usarlos para el bien.

Espacio para anotaciones personales:

Noviembre: Día 26 – Isaías 40:31
"Pero los que esperan a Jehová tendrán nuevas fuerzas; levantarán alas como las águilas."

En tiempos de desánimo, es crucial recordar que Dios es nuestra fortaleza. Al apoyarnos en Él, renovamos nuestras fuerzas y encontramos la valentía para continuar.

Oración diaria:
"Señor, renueva mis fuerzas en los momentos de debilidad. Que mi esperanza siempre esté en Ti. Amén."

Pregunta de reflexión:
¿Hay alguna área de tu vida donde sientas que necesitas un cambio de mentalidad?

Acción práctica:
Identifica una forma en que puedas renovar tu mente, ya sea leyendo la Biblia, orando o pasando tiempo en meditación.

Espacio para anotaciones personales:

Noviembre: Día 27 - 2 Timoteo 1:7
"Porque no nos ha dado Dios espíritu de cobardía, sino de poder, de amor y de dominio propio."

Vivir por fe a menudo requiere valentía. Nos enfrentamos a lo desconocido y a desafíos que pueden asustarnos. Sin embargo, con la fe en Dios, encontramos el coraje para avanzar, sabiendo que Él nos acompaña en cada paso.

Oración diaria:
"Señor, dame el coraje para enfrentar mis temores y caminar por fe. Confío en que estás conmigo, dándome fuerza y valentía. Amén."

Pregunta de reflexión:
¿En qué áreas de tu vida necesitas recordar que Dios es tu Pastor?

Acción práctica:
Hoy, busca momentos de gratitud y reflexiona sobre cómo Dios ha provisto para ti.

Espacio para anotaciones personales:

Noviembre: Día 28 - Efesios 4:32
"Antes sed benignos unos con otros, misericordiosos, perdonándoos unos a otros, como Dios también os perdonó a vosotros en Cristo."

Este versículo nos llama a vivir en amor y perdón. Al ser amables y compasivos, reflejamos el carácter de Dios en nuestras relaciones, lo que puede transformar nuestra comunidad.

Oración diaria:
"Señor, dame un corazón lleno de bondad y perdón hacia los demás. Amén."

Pregunta de reflexión:
¿Hay alguien a quien necesites perdonar en tu vida?

Acción práctica:
Hoy, elige un acto de bondad hacia alguien que necesite tu perdón o compasión.

Espacio para anotaciones personales:

Noviembre: Día 29 - 1 Corintios 13:4
"El amor es paciente, es bondadoso; el amor no es celoso, no es jactancioso, no se envanece."

El amor tiene el poder de transformar corazones y situaciones. Cuando vivimos desde el amor, somos capaces de construir relaciones sólidas y significativas, y de enfrentar cualquier adversidad juntos.

Oración diaria:
"Señor, ayúdame a amar como Tú amas. Que mi vida sea un reflejo de Tu amor incondicional hacia los demás. Amén."

Pregunta de reflexión:
¿A quién puedes demostrar el amor de Dios en tu vida hoy?

Acción práctica:
Realiza un acto de amor hacia alguien, ya sea a través de un gesto amable o una palabra de aliento.

Espacio para anotaciones personales:

Noviembre: Día 30 - Romanos 15:13
"Y el Dios de esperanza os llene de todo gozo y paz en el creer, para que abundéis en esperanza por el poder del Espíritu Santo."

Pablo nos recuerda que Dios es la fuente de nuestra esperanza. Al confiar en Él, encontramos gozo y paz que nos llenan y nos permiten sobrellevar las dificultades.

Oración diaria:
"Señor, llena mi vida de Tu gozo y paz. Quiero experimentar la esperanza que solo Tú puedes dar. Amén."

Pregunta de reflexión:
¿En qué áreas de tu vida necesitas experimentar más esperanza?

Acción práctica:
Hoy, busca momentos de alegría y agradecimiento, y escribe un diario sobre las cosas que te traen esperanza.

Espacio para anotaciones personales:

Diciembre: Día 1 - Isaías 9:6

"Porque un niño nos es nacido, hijo nos es dado; y el principado sobre su hombro, y se llamará su nombre: Admirable, Consejero, Dios Fuerte, Padre Eterno, Príncipe de Paz."

Este versículo profético habla sobre el nacimiento de Jesús, nuestro Salvador. Al celebrarlo en diciembre, recordamos la importancia de su llegada y cómo su vida transformó el mundo, trayendo esperanza y paz.

Oración diaria:
"Señor, gracias por el regalo de Tu Hijo. Ayúdame a recibir Su paz en mi vida. Amén."

Pregunta de reflexión:
¿Cómo puedes compartir la paz de Cristo con otros en esta temporada navideña?

Acción práctica:
Haz un esfuerzo consciente por ser un agente de paz en tu entorno, tal vez resolviendo un conflicto o compartiendo una palabra amable.

Espacio para anotaciones personales:

Diciembre: Día 2 - Lucas 2:10-11

"Pero el ángel les dijo: No temáis; porque he aquí os doy nuevas de gran gozo, que serán para todo el pueblo; que os ha nacido hoy, en la ciudad de David, un Salvador, que es Cristo el Señor."

El anuncio del nacimiento de Jesús trajo alegría al mundo. En nuestras vidas, también podemos encontrar momentos de alegría incluso en medio de la rutina y las dificultades, recordando la razón detrás de la celebración navideña.

Oración diaria:
"Señor, llena mi corazón de alegría al recordar Tu nacimiento. Ayúdame a compartir esa alegría con quienes me rodean. Amén."

Pregunta de reflexión:
¿Cuáles son las cosas pequeñas que te traen alegría en tu vida diaria?

Acción práctica:
Dedica tiempo a disfrutar de las pequeñas cosas que te hacen feliz hoy y compártelo con alguien.

Espacio para anotaciones personales:

Diciembre: Día 3 - Mateo 1:23
"He aquí, una virgen concebirá y dará a luz un hijo, y llamará su nombre Emmanuel, que traducido es: Dios con nosotros."

El nombre Emmanuel nos recuerda que Dios está presente con nosotros en cada momento. A veces, en medio de las celebraciones, podemos olvidar la importancia de su presencia en nuestra vida cotidiana.

Oración diaria:
"Emmanuel, gracias por estar siempre conmigo. Ayúdame a ser consciente de Tu presencia en mi vida. Amén."

Pregunta de reflexión:
¿Cómo puedes reconocer la presencia de Dios en tu vida diaria?

Acción práctica:
Tómate un momento para meditar en silencio, sintiendo la presencia de Dios a tu alrededor.

Espacio para anotaciones personales:

Diciembre: Día 4 - Salmo 4:8
"En paz me acostaré, y así mismo dormiré; porque sólo Tú, Jehová, me haces vivir confiado."

La paz que Dios nos da trasciende las circunstancias externas. Al confiar en Él, encontramos un refugio seguro donde nuestras inquietudes pueden ser entregadas. Esta paz nos permite descansar y renovarnos en Su presencia.

Oración diaria:
"Señor, gracias por la paz que ofreces a mi corazón. Ayúdame a descansar en Ti y a confiar en que estás trabajando en cada situación. Amén."

Pregunta de reflexión:
¿Qué cosas específicas agradeces a Dios en esta temporada?

Acción práctica:
Haz una lista de agradecimientos y compártela con alguien que te rodea.

Espacio para anotaciones personales:

Diciembre: Día 5 - Gálatas 4:4-5

"Pero cuando vino el cumplimiento del tiempo, Dios envió a su Hijo, nacido de mujer, y nacido bajo la ley, para que redimiese a los que estaban bajo la ley, a fin de que recibiesemos la adopción de hijos."

El nacimiento de Jesús fue parte del plan de redención de Dios. Esta temporada nos recuerda que somos parte de Su familia, y esto trae un profundo sentido de pertenencia y propósito.

Oración diaria:
"Señor, gracias por hacerme parte de Tu familia. Ayúdame a vivir como un hijo Tuyo. Amén."

Pregunta de reflexión:
¿Qué significa para ti ser parte de la familia de Dios?

Acción práctica:
Busca maneras de mostrar amor y apoyo a otros, recordando que todos somos parte de la misma familia en Cristo.

Espacio para anotaciones personales:

Diciembre: Día 6 - 1 Juan 4:9-10
"En esto se mostró el amor de Dios para con nosotros, en que Dios envió a su Hijo unigénito al mundo, para que vivamos por él. En esto consiste el amor: no en que nosotros hayamos amado a Dios, sino en que él nos amó a nosotros."

Este pasaje enfatiza el amor incondicional de Dios al enviar a Su Hijo. En un mundo donde a menudo buscamos ser amados, este amor es un recordatorio poderoso de que ya somos amados.

Oración diaria:
"Señor, gracias por Tu amor incondicional. Ayúdame a compartir ese amor con quienes me rodean. Amén."

Pregunta de reflexión:
¿De qué manera puedes demostrar el amor de Dios a otros durante esta temporada?

Acción práctica:
Realiza un acto de bondad al azar por alguien que no lo espera.

Espacio para anotaciones personales:

Diciembre: Día 7 - Romanos 5:8
"Mas Dios muestra su amor para con nosotros, en que siendo aún pecadores, Cristo murió por nosotros."

Este versículo nos recuerda que el amor de Dios no depende de nuestra perfección. Aun en nuestros momentos más bajos, Él nos ama y está dispuesto a darnos otra oportunidad.

Oración diaria:
"Señor, gracias por Tu amor que me acepta tal como soy. Ayúdame a aceptar y amar a los demás de la misma manera. Amén."

Pregunta de reflexión:
¿Cómo puedes aceptar el amor de Dios en tu vida, incluso cuando sientes que no lo mereces?

Acción práctica:
Escribe una carta a alguien expresándole tu amor y aceptación, sin juzgar.

Espacio para anotaciones personales:

Diciembre: Día 8 - Lucas 1:46-48
"Entonces María dijo: Engrandece mi alma al Señor, y mi espíritu se regocija en Dios mi Salvador; porque ha mirado la bajeza de su sierva."

Las palabras de María nos muestran cómo responder a la bondad de Dios con gratitud. En esta temporada de celebración, también podemos encontrar gozo en lo que Dios ha hecho en nuestras vidas.

Oración diaria:
"Señor, engrandece mi alma y ayúdame a regocijarme en Ti cada día. Amén."

Pregunta de reflexión:
¿Cuáles son las bendiciones en tu vida por las que puedes regocijarte hoy?

Acción práctica:
Crea un ritual diario de gratitud, dedicando tiempo a dar gracias por las bendiciones.

Espacio para anotaciones personales:

Diciembre: Día 9 - Salmos 30:5

"Porque no dura para siempre su ira; antes, su favor es por la vida; por la noche durará el lloro, y a la mañana vendrá la alegría."

Este versículo nos recuerda que, aunque enfrentemos pruebas y tribulaciones, la alegría siempre llega con la nueva mañana. La esperanza es un componente esencial de nuestra fe.

Oración diaria:
"Señor, ayúdame a mantenerme firme en la esperanza y a buscar Tu alegría cada día. Amén."

Pregunta de reflexión:
¿En qué áreas de tu vida necesitas recordar que la alegría vendrá después del dolor?

Acción práctica:
Piensa en una situación difícil y anota cómo has visto la alegría surgir después de esa experiencia.

Espacio para anotaciones personales:

Diciembre: Día 10 - Mateo 2:10-11

"Y al ver ellos la estrella, se regocijaron con gran alegría. Y al entrar en la casa, vieron al niño con su madre María, y postrándose, le adoraron; y abriendo sus tesoros, le ofrecieron presentes: oro, incienso y mirra."

La llegada de los magos y su adoración al niño Jesús nos recuerda la importancia de reconocer y honrar lo sagrado en nuestras vidas. Los regalos que ofrecieron simbolizan la reverencia y el reconocimiento del valor de Jesús como Rey.

Oración diaria:
"Señor, ayúdame a reconocer Tu presencia en mi vida y a adorarte con un corazón sincero. Amén."

Pregunta de reflexión:
¿Qué regalos espirituales puedes ofrecerle a Dios en tu vida diaria?

Acción práctica:
Dedica tiempo a la oración y a la adoración en un espacio tranquilo, reflexionando sobre el significado de Su presencia en tu vida.

Espacio para anotaciones personales:

Diciembre: Día 11 – Lucas 2:14
"¡Gloria a Dios en las alturas, y en la tierra paz, buena voluntad para con los hombres!"

El canto de los ángeles nos recuerda que el mensaje del nacimiento de Jesús es uno de paz y buena voluntad. En un mundo lleno de divisiones y conflictos, este mensaje es más relevante que nunca, llamándonos a ser embajadores de paz.

Oración diaria:
"Señor, ayúdame a ser un instrumento de Tu paz en mi comunidad. Amén."

Pregunta de reflexión:
¿De qué manera puedes contribuir a la paz en tu entorno?

Acción práctica:
Identifica un conflicto en tu vida y busca una forma de acercarte a la resolución, promoviendo el entendimiento.

Espacio para anotaciones personales:

Diciembre: Día 12 - Romanos 12:12
"Gozosos en la esperanza; sufridos en la tribulación; constantes en la oración."

Este versículo nos anima a mantener una actitud positiva y esperanzadora, incluso en medio de las dificultades. La oración es nuestro refugio y la fuente de nuestra fortaleza en tiempos desafiantes.

Oración diaria:
"Señor, enséñame a ser constante en la oración y a mantenerme firme en la esperanza. Amén."

Pregunta de reflexión:
¿Cómo puedes incorporar más momentos de oración en tu vida diaria?

Acción práctica:
Establece un tiempo específico cada día para orar, y considera escribir tus oraciones y respuestas.

Espacio para anotaciones personales:

Diciembre: Día 13 - Efesios 2:8-9

"Porque por gracia sois salvos por medio de la fe; y esto no de vosotros, pues es don de Dios; no por obras, para que nadie se gloríe."

La gracia de Dios es un regalo que no podemos ganar por nuestras propias acciones. Este mensaje nos recuerda que la salvación es un regalo inmerecido, lo cual es especialmente importante en una época en que las expectativas pueden ser abrumadoras.

Oración diaria:
"Señor, gracias por Tu gracia y por el regalo de la salvación. Ayúdame a vivir en agradecimiento por este don. Amén."

Pregunta de reflexión:
¿Cómo puedes mostrar gratitud por la gracia que has recibido en tu vida?

Acción práctica:
Realiza una acción de bondad sin esperar nada a cambio, como un acto de agradecimiento por la gracia recibida.
Espacio para anotaciones personales:

Diciembre: Día 14 – 2 Corintios 9:15
"¡Gracias a Dios por su don inefable!"

Este versículo celebra la indescriptible generosidad de Dios al darnos a Su Hijo. En un mundo donde a menudo nos centramos en lo material, es vital recordar y agradecer lo que realmente importa: la relación con Dios.

Oración diaria:
"Señor, gracias por Tu amor y Tu regalo más grande. Que mi vida sea un reflejo de gratitud hacia Ti. Amén."

Pregunta de reflexión:
¿Cuál es el regalo más valioso que has recibido en tu vida y cómo puedes compartirlo con otros?

Acción práctica:
Escribe una carta de agradecimiento a alguien que haya sido una bendición en tu vida.

Espacio para anotaciones personales:

Diciembre: Día 15 - 1 Tesalonicenses 5:18
"Dad gracias en todo, porque esta es la voluntad de Dios para con vosotros en Cristo Jesús."

Al reconocer y agradecer las bendiciones en nuestras vidas, cultivamos una actitud de gratitud que transforma nuestra perspectiva. Cada día es una oportunidad para ver lo bueno que Dios ha hecho.

Oración diaria:
"Señor, gracias por cada bendición que me has dado. Ayúdame a vivir con un corazón agradecido y a compartir Tu amor con los demás. Amén."

Pregunta de reflexión:
¿Cómo has experimentado la dirección de Dios en tu vida a través de Su Palabra?

Acción práctica:
Lee un pasaje bíblico y reflexiona sobre cómo puedes aplicar sus enseñanzas en tu vida hoy.

Espacio para anotaciones personales:

Diciembre: Día 16 - Juan 3:16
"Porque de tal manera amó Dios al mundo, que ha dado a su Hijo unigénito, para que todo aquel que en él cree, no se pierda, mas tenga vida eterna."

Este versículo es uno de los más conocidos y resume el corazón del mensaje cristiano. En esta temporada de dar, recordamos que el mayor regalo de todos fue el amor de Dios manifestado en Jesús.

Oración diaria:
"Señor, gracias por Tu amor y el regalo de la vida eterna. Que mi corazón esté siempre agradecido. Amén."

Pregunta de reflexión:
¿Cómo puedes compartir el amor de Dios con otros en esta temporada?

Acción práctica:
Invita a alguien a una reunión navideña donde puedas compartir sobre el amor de Dios.

Espacio para anotaciones personales:

Diciembre: Día 17 – Lucas 1:37
"Porque nada hay imposible para Dios."

Este versículo nos recuerda que, a pesar de nuestras circunstancias, Dios tiene el poder de hacer lo que parece imposible. En la temporada navideña, podemos estar enfrentando desafíos que parecen abrumadores, pero Dios nos invita a confiar en Su poder.

Oración diaria:
"Señor, ayúdame a recordar que nada es imposible para Ti. Confío en Tu plan para mi vida. Amén."

Pregunta de reflexión:
¿Qué situación en tu vida necesita la intervención de Dios?

Acción práctica:
Escribe una oración específica pidiendo ayuda en una situación que te preocupa y confía en que Dios está trabajando.

Espacio para anotaciones personales:

Diciembre: Día 18 - Mateo 6:33
"Mas buscad primeramente el reino de Dios y su justicia, y todas estas cosas os serán añadidas."

Este versículo nos recuerda que, en medio de las distracciones de la vida y las festividades, lo más importante es buscar la relación con Dios. Al priorizar nuestra fe, todo lo demás se alinea en su lugar.

Oración diaria:
"Señor, ayúdame a buscarte en primer lugar en esta temporada. Que mi corazón esté enfocado en Ti. Amén."

Pregunta de reflexión:
¿Qué acciones puedes tomar para priorizar tu relación con Dios durante las festividades?

Acción práctica:
Dedica un tiempo específico cada día para leer la Biblia y orar, incluso en medio de las celebraciones.

Espacio para anotaciones personales:

Diciembre: Día 19 - 1 Pedro 3:15
"Antes bien, santificad a Dios el Señor en vuestros corazones; y estad siempre preparados para presentar defensa con mansedumbre y reverencia ante todo el que os demande razón de la esperanza que hay en vosotros."

Este versículo nos recuerda la importancia de tener siempre listos nuestros corazones para compartir la esperanza que tenemos en Cristo. En una época de celebración, podemos encontrar oportunidades para compartir nuestra fe con aquellos que nos rodean.

Oración diaria:
"Señor, ayúdame a estar siempre listo para compartir la esperanza que tengo en Ti. Dame las palabras y la sabiduría para hacerlo con amor. Amén."

Pregunta de reflexión:
¿Con quién puedes compartir tu fe y esperanza en esta temporada?

Acción práctica:
Practica compartir tu testimonio personal con alguien que necesite escuchar sobre la esperanza en Dios.

Espacio para anotaciones personales:

Diciembre: Día 20 – Salmos 126:3
"Grandes cosas ha hecho Jehová con nosotros; estaremos alegres."

Recordar las bendiciones que Dios ha traído a nuestras vidas puede llenarnos de alegría. En este tiempo festivo, reflexionar sobre lo que hemos recibido puede renovar nuestra gratitud y alegría.

Oración diaria:
"Señor, gracias por las grandes cosas que has hecho en mi vida. Ayúdame a vivir con alegría y gratitud. Amén."

Pregunta de reflexión:
¿Qué bendiciones puedes agradecer a Dios en este momento?

Acción práctica:
Haz una lista de las grandes cosas que Dios ha hecho en tu vida y compártela con alguien como testimonio de Su fidelidad.

Espacio para anotaciones personales:

Diciembre: Día 21 - Filipenses 4:19
"Y mi Dios proveerá a todos vuestros necesidades, conforme a sus riquezas en gloria en Cristo Jesús."

Este versículo nos recuerda que Dios es nuestro proveedor. En una época donde muchas personas pueden sentirse presionadas por las demandas financieras y emocionales, es crucial confiar en que Él cuidará de nuestras necesidades.

Oración diaria:
"Señor, confío en Tu provisión en mi vida. Ayúdame a recordar que siempre estás ahí para proveer lo que necesito. Amén."

Pregunta de reflexión:
¿En qué áreas de tu vida necesitas recordar que Dios proveerá?

Acción práctica:
Escribe una oración de confianza en la provisión de Dios y colócala en un lugar visible para recordarlo cada día.

Espacio para anotaciones personales:

Diciembre: Día 22 - Hebreos 13:16
"Y de hacer bien y de la ayuda mutua no os olvidéis; porque de tales sacrificios se agrada Dios."

La temporada navideña es un momento perfecto para hacer el bien y ayudar a los demás. Al compartir y cuidar a quienes nos rodean, reflejamos el amor de Dios en nuestras acciones.

Oración diaria:
"Señor, ayúdame a estar atento a las necesidades de los demás y a actuar con generosidad y bondad. Amén."

Pregunta de reflexión:
¿Qué acciones concretas puedes llevar a cabo para ayudar a otros durante esta temporada?

Acción práctica:
Planifica un acto de bondad hacia alguien que lo necesite, ya sea a través de un regalo, una donación o simplemente ofreciendo tu tiempo.

Espacio para anotaciones personales:

Diciembre: Día 23 - 1 Juan 1:3
"Y nosotros, a quien hemos visto y oído, proclamamos también a vosotros."

Mantener una relación cercana con Dios es esencial para nuestro crecimiento espiritual. La comunión diaria con Él nos permite escuchar Su voz y ser guiados en nuestro camino.

Oración diaria:
"Señor, deseo tener una comunión más profunda contigo. Ayúdame a buscarte en cada momento y a disfrutar de Tu presencia. Amén."

Pregunta de reflexión:
¿Cuál de los frutos del Espíritu necesitas cultivar más en tu vida en este momento?

Acción práctica:
Dedica un día a practicar intencionalmente uno de los frutos del Espíritu y observa cómo impacta a quienes te rodean.

Espacio para anotaciones personales:

Diciembre: Día 24 - Isaías 9:6
"Porque un niño nos es nacido, hijo nos es dado; y el principado sobre su hombro; y se llamará su nombre: Admirable, Consejero, Dios Fuerte, Padre Eterno, Príncipe de Paz."

Este versículo nos recuerda el asombroso regalo de Jesucristo, quien trae paz y esperanza a nuestras vidas. En medio de las celebraciones, es vital recordar quién es Él y lo que significa Su nacimiento.

Oración diaria:
"Señor, gracias por el regalo de Jesús. Que Su paz y amor llenen mi corazón y mi hogar en esta temporada. Amén."

Pregunta de reflexión:
¿Cómo puedes hacer que el verdadero significado de la Navidad brille en tu vida y en la de otros?

Acción práctica:
Crea un ambiente que celebre el nacimiento de Cristo, ya sea a través de decoraciones, oraciones o tiempo familiar.

Espacio para anotaciones personales:

Diciembre: Día 25 - Lucas 2:19
"Pero María guardaba todas estas cosas, meditándolas en su corazón."

María nos da un hermoso ejemplo de reflexión y meditación. En medio de la Navidad, tomemos un tiempo para meditar sobre el significado profundo de lo que celebramos.

Oración diaria:
"Señor, ayúdame a meditar sobre Tu amor y las maravillas que has hecho en mi vida. Quiero guardar Tu Palabra en mi corazón. Amén."

Pregunta de reflexión:
¿Qué significado tiene el nacimiento de Jesús en tu vida personal?

Acción práctica:
Dedica unos momentos en silencio para reflexionar sobre el significado de la Navidad y escribe tus pensamientos.

Espacio para anotaciones personales:

Diciembre: Día 26 - Jeremías 29:11
"Porque yo sé los planes que tengo para vosotros, dice Jehová, planes de paz, y no de mal, para daros el fin que esperáis."

La esperanza es una fuerza poderosa que nos motiva a continuar, incluso en tiempos difíciles. Confiar en las promesas de Dios nos da la seguridad de que hay un futuro mejor.

Oración diaria:
"Señor, renueva mi esperanza cada día. Ayúdame a confiar en Tus promesas y a ver el futuro con fe. Amén."

Pregunta de reflexión:
¿En qué área de tu vida necesitas más consuelo y fortaleza de parte de Dios?

Acción práctica:
Identifica un desafío en tu vida y entrega esa carga a Dios en oración, confiando en Su apoyo.

Espacio para anotaciones personales:

Diciembre: Día 27 - Romanos 15:13
"Y el Dios de esperanza os llene de todo gozo y paz en el creer, para que abundéis en esperanza por el poder del Espíritu Santo."

Dios es nuestra fuente de esperanza y alegría. En medio de las festividades, es importante buscar Su paz y gozo, permitiendo que Su Espíritu Santo nos llene y nos guíe.

Oración diaria:
"Señor, lléname de Tu gozo y paz. Quiero ser un canal de esperanza para los demás en esta temporada. Amén."

Pregunta de reflexión:
¿Cómo puedes ser un portador de esperanza y alegría para otros en esta época del año?

Acción práctica:
Realiza una acción positiva para animar a alguien que esté pasando por un momento difícil.

Espacio para anotaciones personales:

Diciembre: Día 28 - Salmos 118:24
"Este es el día que hizo Jehová; nos gozaremos y alegraremos en él."

Cada día es un regalo de Dios, y este versículo nos invita a disfrutar y celebrar la vida. En la ajetreada temporada navideña, tomemos un momento para apreciar las pequeñas cosas y encontrar gozo en la presencia de Dios.

Oración diaria:
"Señor, gracias por cada día que me das. Ayúdame a encontrar alegría en cada momento y a celebrar la vida que Tú me has regalado. Amén."

Pregunta de reflexión:
¿Qué cosas simples puedes disfrutar y celebrar hoy?

Acción práctica:
Haz algo especial hoy que te traiga alegría, ya sea disfrutar de un tiempo con la familia, un paseo al aire libre o simplemente reflexionar sobre las bendiciones de tu vida.

Espacio para anotaciones personales:

Diciembre: Día 29 - Santiago 1:19
"Todo hombre sea pronto para oír, tardo para hablar."

Escuchar atentamente nos ayuda a entender mejor a los demás y a discernir la voz de Dios en nuestras vidas. La sabiduría se encuentra en la disposición de escuchar y aprender.

Oración diaria:
"Señor, dame un corazón dispuesto a escuchar. Que pueda aprender de Ti y de los demás para crecer en sabiduría. Amén."

Pregunta de reflexión:
¿En qué área de tu vida necesitas confiar más en Dios?

Acción práctica:
Escribe una lista de decisiones que enfrentas y presenta cada una a Dios en oración, pidiéndole Su guía.

Espacio para anotaciones personales:

Diciembre: Día 30 - Mateo 5:16
"Así alumbre vuestra luz delante de los hombres, para que vean vuestras buenas obras y glorifiquen a vuestro Padre que está en los cielos."

Durante las fiestas, nuestra luz debe brillar más que nunca. Este versículo nos anima a vivir de manera que nuestras acciones reflejen el amor de Dios y lleven a otros a glorificarle.

Oración diaria:
"Señor, que mi vida sea un reflejo de Tu luz. Ayúdame a actuar de manera que otros vean Tu amor en mí. Amén."

Pregunta de reflexión:
¿Cómo puedes dejar que la luz de Cristo brille a través de tus acciones en esta temporada?

Acción práctica:
Busca una oportunidad para servir a los demás, mostrando el amor de Cristo a quienes te rodean.

Espacio para anotaciones personales:

Diciembre: Día 31 - 2 Corintios 5:17
"De modo que si alguno está en Cristo, nueva criatura es; las cosas viejas pasaron; he aquí todas son hechas nuevas."

El fin de un año es un buen momento para reflexionar sobre el crecimiento y la transformación que hemos experimentado en Cristo. Este versículo nos recuerda que en Él tenemos una nueva vida, llena de posibilidades.

Oración diaria:
"Señor, gracias por la nueva vida que me has dado. Ayúdame a dejar atrás el pasado y a abrazar el futuro que tienes para mí. Amén."

Pregunta de reflexión:
¿Qué aspectos de tu vida necesitas dejar atrás para comenzar el nuevo año renovado en Cristo?

Acción práctica:
Haz una lista de tus metas espirituales para el próximo año y comprométete a buscar a Dios en cada paso del camino.

Espacio para anotaciones personales:

Conclusión: Un Nuevo Comienzo

¡Felicitaciones por haber completado este recorrido de 365 días con Dios! Tu dedicación y compromiso a lo largo de este año son verdaderamente admirables. Espero que cada fragmento bíblico, cada reflexión y cada oración hayan enriquecido tu vida y te hayan acercado más a la comprensión de la Palabra de Dios y Su propósito para ti.

A medida que concluyes este viaje, te animo a que no veas esto como un final, sino como un nuevo comienzo. Las enseñanzas que has descubierto aquí son solo el punto de partida para una vida llena de fe, amor y crecimiento espiritual. La verdad y la sabiduría de la Escritura son eternas, y siempre hay más por explorar, aprender y aplicar en tu vida.

Continúa aplicando las enseñanzas bíblicas a tu vida diaria. Permite que los principios que has estudiado se conviertan en parte de tu forma de vivir, influyendo en tus decisiones, tus relaciones y tu perspectiva del mundo. Busca oportunidades para compartir lo que has aprendido con otros; tu viaje espiritual puede ser una luz para aquellos que te rodean.

Recuerda que cada día es una nueva oportunidad para crecer y acercarte más a Dios. Mantén tu corazón y mente abiertos a Su guía, y no dudes en regresar a este libro o a otros recursos que te ayuden a profundizar tu fe. Que este año de reflexión y crecimiento continúe inspirándote a seguir caminando en la luz de Cristo.

Gracias por acompañarme en este viaje. ¡Que la paz, la alegría y el amor de Dios te acompañen siempre en tu camino!

Made in the USA
Middletown, DE
11 December 2024

66771394R00205